新中国**70**年
向世界贡献了什么
董振华 主编

中国智慧

赖明明◎编著

天津出版传媒集团

天津人民出版社

图书在版编目（CIP）数据

中国智慧 / 赖明明编著. -- 天津 ：天津人民出版

社，2019.10

　　（新中国70年向世界贡献了什么 / 董振华主编）

　　ISBN 978-7-201-15475-6

　　Ⅰ．①中… Ⅱ．①赖… Ⅲ．①中国特色社会主义－理

论研究 Ⅳ．①D616

中国版本图书馆CIP数据核字(2019)第231071号

中国智慧
ZHONGGUO ZHIHUI

出　　版	天津人民出版社
出 版 人	刘　庆
地　　址	天津市和平区西康路35号康岳大厦
邮政编码	300051
网购电话	（022）23332469
网　　址	http：//www.tjrmcbs.com
电子信箱	reader@tjrmcbs.com

责任编辑　王　玠
封面设计　仙　境

印　　刷	北京中科印刷有限公司
经　　销	新华书店
开　　本	710毫米×1000毫米　1/16
印　　张	15
字　　数	176千字
版次印次	2019年10月第1版　2019年10月第1次印刷
定　　价	48.00元

新中国70年向世界贡献了什么

今年正值新中国成立70周年，70年来我们艰苦奋斗、砥砺奋进，取得了举世瞩目的成就。很难想象，我们是如何从一个积贫积弱、一穷二白的落后国家跨越到今日的世界第二大经济体，成为拥有全工业门类、科技事业逐步领先全球、即将完全摆脱绝对贫苦的国家。1949年新中国成立时，全国钢产量仅15.8万吨，煤产量仅3243万吨，粮食产量为11318万吨，棉花产量为44.4万吨，人均国民收入更是只有27美元。[1]全国各地生产萎缩、交通梗阻、失业人数众多，可以说是千疮百孔，百废待兴。在这样的情况下，中国共产党团结带领人民，完成了新民主主义革命和社会主义改造，建立了社会主义基本制度，进行了对社会主义建设的艰辛探索，实现了中华民族从东亚病夫到站起来的伟大飞跃。改革开放以来，中国共产党团结带领人民开辟了中国特色社会主义

---

[1] 胡绳主编，中共中央党史研究室著：《中国共产党的七十年》，中共党史出版社1991年版，第289页。

道路，坚持以经济建设为中心，大踏步赶上了时代，实现了中华民族从站起来到富起来的伟大飞跃。进入新时代，中国共产党团结带领人民进行伟大斗争、建设伟大工程、推进伟大事业、实现伟大梦想，推动党和国家事业取得全方位、开创性历史成就，发生深层次、根本性历史变革，使中华民族迎来了从富起来到强起来的伟大飞跃！"穷则独善其身，达则兼济天下。"党的十九大报告指出："中国特色社会主义进入新时代，意味着中国特色社会主义道路、理论、制度、文化不断发展，拓展了发展中国家走向现代化的途径，给世界上那些既希望加快发展又希望保持自身独立性的国家和民族提供了全新选择，为解决人类问题贡献了中国智慧和中国方案。"

一、为世界贡献了中国道路

改革开放以来，我们取得一切成绩和进步的根本原因，归结起来就是：开辟了中国特色社会主义道路，形成了中国特色社会主义理论体系，确立了中国特色社会主义制度，发展了中国特色社会主义文化。正所谓"道路决定方向，道路决定命运"，中国道路的开辟对于在中国这样一个经济文化都落后的国家，如何在短时间内实现从站起来、富起来到强起来的伟大飞跃，具有关键性的作用。这条中国道路就是中国特色社会主义道路，习近平总书记在党的十九大报告中强调："中国特色社会主义道路是实现社会主义现代化、创造人民美好生活的必由之路。"如今，中国道路已经具备了更多的世界意义。

1.中国道路回应了世界发展单一模式论

在中国崛起之前，国际社会普遍认为实现现代化只有一条道路可走，就是西方式的经济政治发展道路，认为世界发展模式只能定于一尊，没有其他道路可走。但是，中国道路的成功有力回击了这种错误观点。

中国道路最显著的特征就是中国共产党的领导，一方面，党的领导是中国道路形成的根本保证；另一方面，正是因为有党的领导，中国道路在形成发展过程中才能取得一系列成就。中国道路是社会主义道路，始终坚持以马克思主义为指导。马克思主义是已经被实践证明了的关于人类社会发展的科学理论，正是在马克思主义理论的指导下，中国道路才不至于走弯走斜；中国道路坚持以经济建设为中心，坚持四项基本原则和坚持改革开放。改革开放使中国焕发了生机活力，事实证明：封闭没有出路，只有不断解放和发展生产力，不断提高人民生活水平，坚持改革与发展，才能摆脱贫困与落后。

2. 中国道路鼓舞了发展中国家积极寻找适合自身的发展道路

中国道路是中国人民在长期实践中自行探索出来的，既没有成例可以遵循，也不能照抄照搬别国的道路。习近平总书记强调："当代中国的伟大社会变革，不是简单延续我国历史文化的母版，不是简单套用马克思主义经典作家设想的模板，不是其他国家社会主义实践的再版，也不是国外现代化发展的翻版。"[1] 中国道路的成功实践充分说明了发展中国家可以找到适合自身发展的道路，而不必照抄照搬别国的道路。

每个国家都有着不同的历史文化，有着不同的资源禀赋，有着不同的现实国情，所以在世界上很难找到一种放之四海而皆准的发展道路，中国也不例外。世界上的各个发展中国家要想实现自身的独立发展，就

---

〔1〕习近平：《在纪念马克思诞辰 200 周年大会上的讲话》，《人民日报》2018 年 5 月 5 日。

要努力寻找适合自身的发展道路。

3.中国道路绝不会损害其他国家和地区的正当利益

西方一些人长期鼓吹"中国威胁论",大谈"修昔底德陷阱",认为中国的崛起就是要夺取世界霸权,挑战世界秩序。但是中国绝不会走国强必霸的道路,中国也绝不会损害世界上其他国家和地区的正当利益。

反思历史我们会发现,一些强国在自身崛起过程中曾靠榨取他国利益来实现自身发展,甚至现在依旧在干涉他国权益以满足自身利益。中国曾经是殖民时代的受害者,对于恃强凌弱有着痛苦的记忆,中国绝不会把自己经历的苦难转移给别人,绝不会损害其他国家正当利益,将来更不会危害他国,中国将始终做正当利益的维护者。

二、为世界贡献了中国智慧

中西方历史上都存在着追求智慧的传统。在西方,古希腊时期开启的"爱智"精神贯穿了整个西方思想史;在中国,追求智慧体现为"求道",比如,中国典籍中所说的"一阴一阳之谓道""道生一,一生二,二生三,三生万物"等。现在,新中国70年奋斗历程向世界提供的中国智慧,则是中华民族5000多年文明史的精华与近代以来救亡图存智慧的结合,是我们继续为实现中华民族伟大复兴而奋斗的中国智慧的结晶,这些中国智慧必能为世界发展和人类进步提供有益的帮助。正如习近平总书记在党的十九大报告中所说:"中国将继续发挥负责任大国作用,积极参与全球治理体系改革和建设,不断贡献中国智慧和力量。"

1. "协和万邦"的中国智慧为世界提供了价值追求

《尚书·尧典》记载："克明俊德，以亲九族。九族既睦，平章百姓。百姓昭明，协和万邦。"这里体现的就是中国人的天下情怀，即由小及大、由内及外的步骤和目标。这个目标一方面体现为以和为贵，中国自古就崇尚和平、反对战争，主张各个国家、各个民族和睦共处，在尊重文明多样性的基础上推动文明交流互鉴；另一方面则体现为合作共赢，中国从不主张非此即彼的零和博弈思维，始终倡导兼容并蓄的理念，并切身践行这一理念，中国欢迎各国人民搭乘中国发展的"快车"，共享中国发展的成果；同时，中国也希望世界各国能够携起手来共同应对全球挑战，通过汇聚大家的力量更好解决问题。

"协和万邦"就是中国为世界贡献的中国智慧之一，是中国为世界提供的价值追求。通过共同努力，就一定能够实现全球治理体系和国际秩序的变革，创造人类更加美好的未来。

2. "生生不息"的中国智慧为世界提供了发展动力

中华民族是勤劳的民族，历史上我们总是在生生不息地奋斗，靠奋斗创造自己的未来。中国人不相信宿命，中国人认为"我命由我不由天"，这种底气就来自生生不息的奋斗精神，这种精神鼓舞人们不断在攻坚克难、爬坡过坎中战胜一切艰难险阻，直至到达胜利的彼岸。

对于世界人民来说，也要保持生生不息的奋斗精神。人类能够发展至今很不容易，而往后前进的每一步都要比现在付出更多努力。当今的世界体系仍然很不完善，人类面临着霸权主义、恐怖主义、战争频发的威胁，我们要以不屈的精神顽强拼搏，不断提高人类科技实力和文明程度，实现民族独立、和平稳定发展。

生生不息的奋斗精神还体现出我们对生命的尊重。当今世界的繁荣正是由一个个鲜活的生命所创造的，我们要想继续保持这种繁荣，就要充分尊重人的主体性，激发个体的创造力，平等对待世界上的每一个人，拒绝歧视、拒绝压迫、拒绝倾轧。与此同时，我们还需要为我们的子孙后代留下继续发展的条件，让地球在一代又一代人的传承中美丽繁荣。

3. "天人合一"的中国智慧为世界提供了前进思路

中国传统文化中的"天人合一"观念回答的是主体与外部世界的关系问题，《老子》有言："人法地，地法天，天法道，道法自然。"在中国人看来，自身与外部世界本来就是同一的，因为二者都遵循着相同的法则，即"道"，人只要合乎"道"，就会没有过错，就可以与外部世界处于一种和谐的关系之中。

西方思想中长期存在着主客二元对立的传统，在他们看来，主体与客体之间存在不可逾越的"鸿沟"，二者存在矛盾。正是由于这种对立矛盾的存在，使得我们往往无法让现实变得"随心所欲"。

当今世界我们面临的许多问题，本质上都是没有处理好自身与外部世界关系的问题，如果全世界能够广泛认可中华民族的"天人合一"观念，充分认识到自身与外物可以处在一种和谐的关系之中，我们现在所面临的许多难题就可以迎刃而解了。

三、为世界贡献了中国力量

习近平总书记指出："现在，中国人民和中华民族在历史进程中积累的强大能量已经充分爆发出来了，为实现中华民族伟大复兴提供了势不可挡的磅礴力量。"[1]中国 70 年来能够成功发展的原因之一，就在于我们能够凝聚起全民族的磅礴力量，为实现我们的共同目标而执着奋斗。中国力量不仅能够用于自身建设，而且能够为世界繁荣发展做出贡献。中国是世界上人口数量第一、国土面积第三的国家，是世界第二大经济体，是世界版图上举足轻重的力量，中国有能力参与全球事务，中国也有责任推动世界发展和人类事业进步。

1. 中国力量是维护世界和平、促进共同发展的力量

党的十九大报告指出："中国将高举和平、发展、合作、共赢的旗帜，恪守维护世界和平、促进共同发展的外交政策宗旨。"中华民族向来是爱好和平的民族，近代以来，中国人民经历了严重的战争创伤，这使得我们更加珍惜今天的和平局面，因此自新中国成立以来就始终坚持走和平发展的道路，中国的发展从来不以牺牲和平安定的环境为代价。但我们必须承认的是，当今世界仍然面临着诸多危害和平的因素，霸权主义和强权政治阴魂不散，恐怖主义蔓延，极端宗教势力滋长，不确定性因素在增加，局部武装冲突时有发生。为此，世界和平需要一个强有力的保障力量，而这个力量正来自中国。

与此同时，世界还面临贫困、饥饿、发展不平衡等问题，而发展则是解决一切问题的根本动力。人类事业需要进步，当今世界需要发展，中国正在成为推动世界发展的中坚力量。作为世界第二大经济体，中国每年保持 6% 左右的经济增长率，为世界经济增长贡献了近 1/5，中国积极同广大发展中国家开展经贸往来，不断提高开放程度，在实现自身发

---

〔1〕习近平：《在庆祝改革开放 40 周年大会上的讲话》，《人民日报》2018 年 12 月 19 日。

展的同时有力带动了其他国家和地区的发展。

2. 中国力量是推动构建人类命运共同体的力量

当今世界正处于百年未有之大变局,一方面,世界多极化、经济全球化深入发展,新一轮科技革命和产业革命正在孕育成长;另一方面,人类也正处在一个挑战层出不穷、风险日益增多的时代。面对这一世界大势,中国提出的方案是构建人类命运共同体。马克思和恩格斯早就预言,"各民族的原始封闭状态由于日益完善的生产方式、交往以及因交往而自然形成的不同民族之间的分工消灭得越是彻底,历史也就越是成为世界历史"[1]。现实的发展也证明了这个预言,当今世界正在变成一个日益密切的整体,谁也不可能"绝世而独立",我们必须顺应这种时代潮流,积极融入世界、参与世界。中国倡导构建人类命运共同体,建设持久和平、普遍安全、共同繁荣、开放包容、清洁美丽的世界,主张相互尊重、平等协商,用对话而不对抗的方式解决国际争端,倡导同舟共济,推动经济全球化朝着更加开放、包容、普惠、平衡、共赢的方向发展。现如今在中国的积极推动下,人类命运共同体已经取得了广泛的认可,多次被写入联合国文件,正在从理念转化为现实,产生广泛而深远的国际影响,引领着人类文明进步的方向。

3. 人民是中国力量的不竭之源

中国力量之所以能够源源不断,并且越积越多、越聚越强,就在于中国力量有着稳定的来源,这些来源正是我们创造中国奇迹的成功密

---

〔1〕马克思、恩格斯:《德意志意识形态》,《马克思恩格斯选集》第一卷,人民出版社2012年版,第168页。

码。中国力量来自科学理论，70年来我们在科学理论的指导下披荆斩棘，排除万难，解决了许多前人从未遇到过或从未有效解决的问题；中国力量来自理想信念，正是在理想信念的激励下凝聚起团结奋进的力量；中国力量来自先进文化，吸收着5000多年优秀传统文化的精华；中国力量来自制度优势，中国特色社会主义制度是适合我国国情、具有显著优势的制度；中国力量来自综合国力，我们坚持把发展作为执政兴国的第一要务，不断增强自身实力；中国力量来自坚强领导核心，中国共产党是牢记初心和使命、敢于自我革命的政党；中国力量来自共商共建共享的全球治理观，积极树立负责任大国形象。

归根结底，中国力量来自人民。马克思主义唯物史观揭示出人民群众是历史的主体，是历史的创造者，在推动人类社会历史发展中起着决定性作用。回顾新中国的成长历程我们就会发现，我们党之所以能够领导人民取得社会主义革命、社会主义建设和改革开放的伟大胜利，根本原因就在于我们党始终深深扎根于人民群众之中，人民群众为我们党提供了不竭的力量。过去我们创造中国奇迹靠的是中国人民，未来我们走向世界仍然要依靠中国人民。

今日之中国已不同于往日之中国，当前我们积极参与全球治理，始终不渝走和平发展道路，奉行互利共赢的开放战略，推动构建人类命运共同体，始终做世界和平的建设者、全球发展的贡献者、国际秩序的维护者。正是在中国不断对外开放和交往中，将中国由落后国家变为现代化国家的成功经验推向了世界，给世界上诸多需要进行现代化建设的国家和地区提供了启示和借鉴。70年的风雨历程，中国人民探索出了宝贵的中国经验，这主要表现为中国道路、中国智慧和中国力量三个方面。

我们相信，随着中国自身的进一步发展，中国必将更多地参与到全球事务中来，更多地为世界提供中国经验！

中共中央党校（国家行政学院）哲学部副主任、教授、博士生导师 董振华

2019 年 9 月

目 录

前　言

　　随着中国日益走近世界舞台中央，中国智慧日益受到全球关注。新中国70年的历程是光辉的历程，展现出中国智慧对世界的巨大引领作用。

　　什么是智慧？如果说哲学是爱与智慧，那么智慧就是爱与哲学。智慧像一条流动的江河，大浪淘沙，将古今中外不同阶段人类的精神结晶沉淀下来，从远古流到当下，继续流向未来。正如时势造英雄，伟大的时代也创造出伟大的中国智慧。

　　人类文明每一次拐点，都离不开思想、知识与智慧；人类文明每一次跨越，其实也是人类智慧迈上了一个新的台阶。人类历史上每一次里程碑式事件，无不是人类智慧的结晶，同时它又以结出人类新的智慧硕果作为回报。

　　在人类文明发展长河中，智慧代表的是正义、宽容、理性；在人类艰难曲折的探索中，智慧代表的是奋斗、求真务实；在人类发展的十字路口，智慧代表的是包容、公正、变革。面对利益如何分配？智慧主张以民为本、协和万邦；面对人与自然如何相处？智慧主张天人合一、自然主义。智慧具有传承性，又具有前瞻性；具有普遍性，又具有开放性；具有民族性，又具有世界性。智慧是历史与现实、民族与世界、包容与开放、实践与真理的统一。

一

　　新中国 70 年向世界贡献的中国智慧，并非仅限于这 70 年的中国智慧。它是中华民族 5000 多年文明史的智慧结晶，是中国人民近代以来 170 多年探索救亡图存、振兴中华的智慧结晶，是中国共产党 90 多年求真务实取得一个又一个胜利、带领中国人民为实现中华民族伟大复兴中国梦的智慧结晶。

　　中华民族 5000 多年文明史，是中国智慧不断总结、提炼、传承的历史。从盘古开天地、夸父逐日、精卫填海、后羿射日、大禹治水、愚公移山，到李冰父子修都江堰、文彦博灌水取球、诸葛恪得驴、曹冲称象、司马光砸缸、诸葛亮七擒孟获、岳飞精忠报国、郑和七下西洋、郑成功收复台湾；从《论语》《孟子》《荀子》《道德经》《庄子》《黄帝内经》《墨子》《公孙龙子》《战国策》《春秋》《左传》《鬼谷子兵法》《孙子兵法》《孙膑兵法》《淮南子》《史记》《汉书》，到《资治通鉴》《永乐大典》《经世奇谋》《康熙字典》《二十四史》，中华文明源远流长，亘古至今。在波澜曲折的历史长河中，中华文明既没有中断，也没有凋谢，中华民族以大无畏的奋斗精神抵御外敌入侵，以海纳百川的包容气度汲取外来文化精髓。中华文明有化腐朽为神奇、化野蛮为文明、化蛮夷戎狄为四海一家的能力，这种能力就是中国智慧。中华文明源远流长，具有跨越时空的永恒魅力与现代价值，这正是中华文化与中国自信的底气所在。中国智慧中蕴含的人文精神、思想观念、道德规范，铸就了中华民族的价值取向与中国人的性格品质，影响了中国人的日常生活方式、行为方式和处世哲学，滋养了中华文明独特而丰富的文学艺术、科学技术和文化特质。中国智慧是璀璨的中华文化中的一部分，也是最精彩的一部分。

中国人民近代以来170多年的斗争史，是以中国智慧引领学习借鉴世界先进文化、救亡图存、振兴中华、实现中华民族伟大复兴中国梦的历史。高举"天父，天兄"天国理论的太平天国运动失败了，固守"中学为体，西学为用"的洋务运动失败了，戊戌变法、义和团运动、清末新政也失败了。辛亥革命虽然推翻了清王朝，但是并没有完成反帝反封建的任务。然而历史不会停滞，探索依旧继续。中国近现代史是一部不断探索的历史，也是一部越来越接近真理的历史；是一部中华文明与世界文明交流对话的历史，也是一部中国智慧与世界智慧相得益彰的历史；是一部探索科学理论、科学制度、科学道路的历史，也是探索中华文化复兴的历史。

中国共产党90多年的奋斗史，是中国共产党领导中国人民实现中华民族伟大复兴中国梦的历史。1919年五四运动爆发，标志着中国革命从旧民主主义革命阶段过渡到了新民主主义革命阶段，五四运动传播了马克思主义这一科学世界观，为中国共产党的成立作了思想上的准备。1921年中国共产党成立，标志着中国革命选择了马克思主义科学世界观，标志着代表中国人民与中华民族根本利益的中国共产党走上历史舞台，开始领导中国人民走上了一条具有中国特色的正确革命与建设道路。现在，我们正处于全面建成小康社会的"最后一公里"，处于实现"两个一百年"奋斗目标的关键时刻，中华民族伟大复兴展现出无比光明的前景，我们前所未有地接近实现中华民族伟大复兴的目标。改革开放的历程是探索马克思主义中国化的历程，是探索建设中国特色社会主义的历程，也是从"三个自信"到"四个自信"的历程。在"三个自信"中增加"文化自信"，这不是简单的量的叠加，而是质的飞跃，增加"文化自信"是源于对5000多年中华文明史的自豪感、对民族文化的崇敬感和对中国智慧的认同感。

二

《中国智慧》一书紧扣"新中国70年向世界贡献了什么"这个主题，从推进国家治理体系和治理能力现代化视角出发，重点探索新中国70年向世界贡献的中国智慧。

《中国智慧》一书重点关注的不是"小"智慧，而是"大"智慧。所谓"大"智慧，是指治国理政智慧，是新中国70年在中国共产党领导下总结提炼出的治国理政智慧，体现在思想、理论、路线、方针、政策、方案方面。毛泽东思想、邓小平理论、"三个代表"重要思想、科学发展观、习近平新时代中国特色社会主义思想是新中国70年向世界贡献的中国智慧的精髓，改革开放、社会主义初级阶段、社会主义市场经济、"一国两制"、"一带一路"、人类命运共同体、"五位一体"、"四个全面"、"四个自信"则是中国智慧的具体表现。

本书采用历史与现实、理论与实践、演绎与归纳的论述方式。一方面从中国传统智慧的视角，审视新中国成立70年来的伟大实践，并从新中国成立70年来的伟大实践中总结归纳我国治国理政智慧；另一方面分析研究中国智慧对全球治理与人类发展作出的中国贡献。

赖明明

2019年10月

第一章

厚德载物、兼容并蓄

我们应该以海纳百川的宽广胸怀打破文化交往的壁垒，以兼收并蓄的态度汲取其他文明的养分，促进亚洲文明在交流互鉴中共同前进。

——习近平在亚洲文明对话大会开幕式上的主旨演讲（2019 年 5 月 15 日）

"厚德载物"出自《易经》："天行健，君子以自强不息；地势坤，君子以厚德载物。""厚德"，顾名思义指宽厚的德行，"载物"是指像天地那样宽广且有道德的人才能承载万物。"厚德载物"是"修身"的起点，"修身"才能"齐家、治国、平天下"。修身养性重在培养高尚道德情操，厚德载物方能成为谦谦君子。

厚德载物是中国历代谦谦君子的品德特质，也是治国理政的中国智慧。新中国 70 年的伟大历程与实践正是因为秉承厚德载物这一中国智慧，使实现中华民族伟大复兴中国梦成为激发活力的动员力量，使社会主义核心价值观成为价值导向。

一、传统文化中厚德载物的生命情怀

当今世界，宗教冲突频发，因宗教冲突引发的战争此起彼伏。中东地区犹太教、基督教和伊斯兰教冲突，印度半岛地区锡克教、印度教、伊斯兰教冲突，一国内同一宗教不同教派之间的冲突与流血事件，这种常态早已司空见惯。历史上欧洲的"十字军东征"持续 200 年，生灵涂炭，民不聊生，最终没有赢家。但是，在中国历史上几乎没有过因宗教思想文化冲突而发生的战争。

其原因是多方面的，其中一个原因就是，厚德载物所提倡的包容、宽容调和了不同宗教之间的矛盾，推动了儒、释、道和平相处。儒家主张"道并行而不相悖"，道家主张"有容乃大"。佛教自汉代传入中国，最初依附于汉之道术，随后依附于玄学，随着"三教合一"而逐渐完成了本土化进程。两晋南北朝时期，儒佛、道教之间虽有相互批评的事件发生，却从未有因为思想文化差异而发生宗教冲突或宗教战争。

（一）厚德载物的中心思想提倡"仁爱"

孔子弟子樊迟向孔子请教什么是"仁"，孔子回答："爱人。""仁"的偏旁部首"亻"就是"人"。"仁爱"倒过来读就是"爱仁"，故有"仁爱爱人"。孔子把"仁"作为最高的道德原则，形成了以"仁"为核心的思想伦理体系。"仁"字在《论语》中出现百余次，孔子从不同角度对"仁"作了深入的阐释。

厚德载物的"仁爱"思想覆盖人与自身、人与人、人与社会、人与自然四个方面，包含由近到远四个层次。

1. 第一个层次：自爱，且有"仁爱"之心

孔子在《论语·雍也》中提出"仁者寿"，认为有爱心、能爱人的人，就能健康长寿。孟子认为"仁爱"是天性，是否有良善之心是人兽的本质区别，要求人要有同情心、羞耻心、礼让心、是非心。

2. 第二个层次：爱父母

孝敬父母在中国文化中占据重要位置。"孝、悌、忠、信、礼、义、廉、耻"八德中，"孝"为首。《论语·学而》有言："君子务本，本立而

道生。孝弟也者，其为仁之本与！"

3. 第三个层次：爱兄弟姊妹

《论语·学而》有言："其为人也孝弟，而好犯上者，鲜矣！不好犯上，而好作乱者，未之有也。君子务本，本立而道生。""悌"主要指尊重顺从兄长，也指兄长怜爱兄弟，常与"孝"并列，称为"孝悌"。儒家重视"孝悌"，把它看作是实行"仁"的根本条件。

4. 第四个层次：爱他人

对人要温、良、恭、俭、让。《论语·学而》提出，"泛爱众，而亲仁"，《孟子·梁惠王上》有言："老吾老，以及人之老；幼吾幼，以及人之幼。"《论语·颜渊》主张："四海之内，皆兄弟也。"董仲舒在《春秋繁露·仁义法》言："仁之法，在爱人，不在爱我，……人不被其爱，虽厚自爱，不予为仁。""仁爱"不能局限在爱自己，还要扩展到爱别人，这才是"仁"的本质。

（二）厚德载物的处世方法提倡"宽容"

"厚道""大度""宽容"三者是相通的。宽容可以化干戈为玉帛，化战争为和平，化矛盾为和谐，化分歧为合力。"有容乃大"最早出自《尚书》。《书·君陈》："有容，德乃大。"明代兵部尚书太子太保袁可立用"受益惟谦，有容乃大"以自勉。林则徐题"海纳百川，有容乃大；壁立千仞，无欲则刚"，这些都表达了君子要有宽厚的胸怀、虚怀若谷的境界、宽容待人的品德。

那么，在现实生活中怎样做到宽容呢？首先，自己不想做的，不应该要求他人做，《论语·卫灵公》言："己所不欲，勿施于人。"其次，设身处地换位思考，即站在对方的立场思考，站在对方的立场作出价值判断。最后，对人不苛刻，"水至清则无鱼，人至察则无徒"表达的就是这个含义。

要培养宽容的心态与品德，可以采用"静心、慎独、反省"三法。

1. 修身需要静心

道家主张清心寡欲、顺其自然，抛弃世上一切功利，达到一种无欲无求的清虚境界。"致虚极，守静笃"就是道家的静心之道。佛家静心之道是"戒定慧"，要求进行三项训练，即修戒完善道德品行，修定致力于内心平静，修慧培育智慧。这三种训练方法不能随意颠倒，而要循序渐进。第一步，要完善自己的品德；第二步，有了品德就可以让自己内心平静下来；第三步，内心平静了自然就产生了智慧。诸葛亮在《诫子书》中说："夫君子之行，静以修身，俭以养德。非淡泊无以明志，非宁静无以致远。"

2. 修身需要慎独

慎独有三种境界：一是慎心，二是慎始，三是慎终。孔子说慎独的方法是"非礼勿视，非礼勿听，非礼勿言，非礼勿动"，目的就是培养德行与人性，远离兽性与野性。"山不在高，有仙则名。水不在深，有龙则灵。斯是陋室，惟吾德馨。苔痕上阶绿，草色入帘青。谈笑有鸿儒，往来无白丁。可以调素琴，阅金经。无丝竹之乱耳，无案牍之劳形。南阳诸葛庐，西蜀子云亭，孔子云：何陋之有？"唐代诗人刘禹锡在《陋室铭》中表达了对慎独的推崇。

3. 修身需要反省

《论语·学而》有言："吾日三省吾身，待人谋而不忠乎？与朋友交而不信乎？传不习乎？"即每天多次反省自己：替他人做事是否尽心竭力？与朋友交往是否诚信？老师传授的知识是否按时温习？

（三）厚德载物的治国之道提倡"仁政"

厚德载物是修身养性之道，也是治国理政之道。仁者与天地万物一体，从"仁爱"到"仁政"，厚德载物天下情怀发生了质的飞跃。

"仁政"是孔子的政治主张，孟子发扬了孔子学说，提出了系统的"仁政"主张。"亲亲而仁民，仁民而爱物。"（《孟子·尽心上》）"王如施仁政于民，省刑罚，薄税敛，深耕易耨，壮者以暇日修其孝悌忠信，入以事其父兄，出以事其长上，可使制梃以挞秦、楚之坚甲利兵矣。"（《孟子·梁惠王上》）"当今之时，万乘之国行仁政，民之悦之，犹解倒悬也。"（《孟子·公孙丑上》）这些都表达了要求统治者实施仁政，以及如何实施仁政。

自汉武帝"罢黜百家，独尊儒术"以来，儒家治国思想成为中国历代统治者的官方主流思想。儒家与法家提倡"一断于法"的统治术不同，儒家主张"礼治""德治""仁治"结合。通过"礼治"，提倡建立贵贱、尊卑、长幼、亲疏有序的规范社会，实现"君君，臣臣，父父，子子"的理想社会；通过"德治"，提倡以道德去感化教育人，儒家认为无论人性多么恶都可以用道德去感化教育人；通过"仁治"，提倡以人为本，相信"为政在人"，主张依靠明君贤良治国。

除了儒家主张"仁政"治国外，诸子百家也表达了相似的政治立场。

墨家主张的"兼爱"与儒家主张的"仁爱"有异曲同工之妙。"兼爱"最初见于《墨子》，墨子提出"兼爱""非攻""尚贤""尚同""天志""明鬼""非命""非乐""节葬""节用"等观点，主张"兼相爱，交相利"，把兼爱与实现人们物质利益方面的平等互利相联系。墨家的"兼爱"之于治国理政，与儒家的"仁政"本质上是相同的，方法上是相通的，价值取向是一致的。

二、社会制度中兼容并蓄的包容智慧

自鸦片战争以来，面对"三千年未有之大变局"，不同阶级登上历史舞台施展抱负，展示各自的救国方案。第一个登场的是农民阶级，太平天国运动吸收西方的基督教教义创立拜上帝教，最终也摆脱不了失败的命运。第二个登场的是封建统治阶级中的改良派，洋务派主张"师夷长技以制夷""中学为体，西学为用"，自上而下开办矿山工厂，生产枪炮，购买铁甲舰，建成了当时亚洲吨位最大的北洋水师与南洋水师，然而最终也以失败而告终。第三个登场的是资产阶级维新派，百日维新变法不出紫禁城，最终以戊戌六君子菜市口人头落地而宣告失败。第四个登场的是资产阶级革命派，孙中山领导的辛亥革命推翻了千年帝制，却未能完成反帝反封建的任务。资产阶级的不彻底性，加之其与封建势力和帝国主义势力之间千丝万缕的联系，注定资产阶级领导的旧民主主义革命不可能真正实现国家独立、民族振兴、人民富强。

那么，什么是最适合中国的社会制度？哪条道路可以引领中国走向独立、富强、民主、繁荣？

十月革命一声炮响，给中国送来了马克思主义，从此，中国革命面貌焕然一新，走上了成功的道路。但是，中国革命与建设的成功，靠的不仅仅是马克思主义本身，更是 90 多年来中国共产党推动马克思主义中国化的不懈奋斗。马克思主义中国化就是把马克思主义基本原理同中国革命、建设和改革的实践结合起来，同中国的优秀历史传统和优秀文化结合起来，在中国革命与建设的实践中，一方面坚持马克思主义，另一方面发展马克思主义。

马克思主义中国化体现了兼容并蓄的包容智慧。中华文明像一块巨大的海绵，在历史发展的长河中不断汲取外来文化的优良基因。这些不同的文明基因也为中华文明注入了源源不断的新鲜血液，成为推动中华文明恒久弥新的澎湃动力。绵延恒久的中华文明史，就是华夏各民族优秀文化兼容并蓄发展的历史，就是中华文化以兼容并蓄的中国智慧学习、借鉴人类其他文明优秀成果的历史。

（一）中国人民"站起来"的中国智慧

马克思主义中国化的第一次历史性飞跃发生在新民主主义革命时期，理论成果是毛泽东思想。

毛泽东思想系统回答了在半殖民地半封建的东方大国，如何运用马克思列宁主义，进行新民主主义革命和社会主义革命的问题，它是在中国共产党领导中国人民进行新民主主义革命，实现民族独立、人民解放、建立新中国，创造性地完成社会主义改造、确立社会主义制度，初步探索社会主义建设道路过程中总结、凝练、升华而成的。

1.关于革命的步骤

党的二大制定了中国革命分"两步走"的民主革命纲领，制定了党的最低纲领和最高纲领。党的最低纲领并没有把建立社会主义国家、最终实现共产主义作为新民主主义革命时期的首要目标，而是把党在民主革命阶段的主要纲领确定为消除内乱、打倒军阀、建设国内和平，推翻帝国主义的压迫，达到中华民族完全独立，统一中国为真正的民主共和国。在此基础上，进一步创造条件，以实现党的最高纲领，即建立劳农专政的政治，铲除私有财产制度，渐次达到一个共产主义社会。

2.关于农民运动

马克思、恩格斯经典观点与俄国革命都重视工人运动与城市武装。但是中国是农业大国，农村人口众多，革命成功与否有赖于能否建立工农联盟，这决定了中国革命必须走"农村包围城市，武装夺取政权"的道路。

毛泽东通过大量的实地考察与对农民运动的研究，在1927年3月写成了《湖南农民运动考察报告》一文。毛泽东强调了在农村建立革命政权和农民武装的必要性，提出了放手发动群众、组织群众、依靠群众的群众路线，重视进行土地革命，建立工农联盟。毛泽东领导的秋收起义及创建井冈山革命根据地，就是对《湖南农民运动考察报告》的伟大实践。1927年9月9日湘赣边界秋收起义爆发。9月29日秋收起义部队到达江西省永新县的三湾村进行了三湾改编：由原来的一个师缩编为一个团；将"支部建在连上"；成立各级士兵委员会，实行民主管理制度，在政治上官兵平等。10月27日，起义部队到达罗霄山脉中段井冈山的茨坪，开创了中国共产党领导下的第一个农村革命根据地。

中国革命的历史证明了这样的真理：凡是照搬马克思主义与十月革命经验，脱离中国革命实际情况的教条主义，无不以失败告终；凡是坚持将马克思主义普遍原理与中国革命具体实践相结合，坚持理论联系实际，坚持推动马克思主义中国化，中国革命就能取得一个又一个胜利。

（二）中国人民"富起来"的中国智慧

马克思主义中国化的第二次历史性飞跃发生在改革开放时期，理论成果是邓小平理论、"三个代表"重要思想、科学发展观。

改革开放以来，中国从实行家庭联产承包责任制与建立经济特区起步，先后推动了国企改革、外贸体制改革、财税体制改革、金融体制改革，建立了社会主义市场经济体制，加入世界贸易组织（以下简称"世贸组织"），实行科学发展与创新驱动战略。改革开放推动中国成为世界第二大经济体，取得了全世界瞩目的经济发展成就。

1978 年，中国人均国内生产总值只有 155 美元，81% 的人生活在农村，84% 的人生活在一天 1.25 美元的贫困线之下。40 多年来，我们始终坚持以经济建设为中心，不断解放和发展社会生产力，我国国内生产总值由 3679 亿元增长到 2017 年的 82.7 万亿元，年均实际增长 9.5%，远高于同期世界经济 2.9% 左右的年均增速。我国国内生产总值占世界生产总值的比重由改革开放之初的 1.8% 上升到 15.2%，多年来对世界经济增长贡献率超过 30%。我国货物进出口总额从 206 亿美元增长到超过 4 万亿美元，累计使用外商直接投资超过 2 万亿美元，对外投资总额达到 1.9 万亿美元。

（三）中国人民"强起来"的中国智慧

习近平新时代中国特色社会主义思想是马克思主义中国化最新成果。

党的十八大以来，以习近平同志为核心的党中央举旗定向、运筹帷幄，确定了民族复兴的时间表、路线图并付诸实施，发生的一系列历史性变革，在民族复兴历史上写下了浓墨重彩的一笔，中华民族伟大复兴开启了新纪元，中国特色社会主义进入了新时代。

党的十九大报告被誉为"新时代中国共产党开启新征程的政治宣言和行动纲领"。党的十九大报告用"八个明确""十四个坚持"进一步明确了习近平新时代中国特色社会主义思想的基本内涵、四梁八柱、核心要义以及坚持和发展中国特色社会主义的基本方略；用"不忘初心，牢记使命"强调了中国共产党矢志不渝的奋斗决心；用"决胜全面建成小康社会，夺取新时代中国特色社会主义伟大胜利，为实现中华民族伟大复兴的中国梦不懈奋斗"回答了时代赋予共产党人的前进目标。

习近平新时代中国特色社会主义思想是对中国改革开放以来政治、经济、文化等各方面建设经验的全面总结和提升，是对中国进入新时代建设中国特色社会主义面临各种矛盾的系统思考和理论探索，是始终坚持马克思主义，以马克思主义的立场、观点和方法确定实现中华民族伟大复兴中国梦的思想武器。

三、社会实践中激发活力的动员能力

社会实践中激发活力的动员能力由三大要素构成：确定共同目标、确定共同价值观、构建制度予以保障。

实现中华民族伟大复兴的中国梦是共同的奋斗目标，是社会实践中激发活力的动员能力的"发动机"；社会主义核心价值观是共同的价值观，是社会实践中激发活力的动员能力的"助推器"；建立最广泛的爱国统一战线是制度保障，是社会实践中激发活力的动员能力的"稳压器"。

（一）中华民族伟大复兴中国梦的中国智慧

1. 中国梦是"国家梦，民族梦，人民梦"

中国梦是国家复兴之梦，民族复兴之梦，也是个人幸福之梦。中国梦内涵的最大特质就是把国家、民族和个人视为"三位一体"的命运共同体，把国家利益、民族利益和每个人的具体利益都紧紧地联系在一起。

2012 年 11 月 29 日，习近平总书记在国家博物馆参观"复兴之路"展览时，第一次提出了中国梦的概念。习近平总书记指出："实现中华民族伟大复兴，就是中华民族近代以来最伟大的梦想。"[1]

2013 年 3 月 17 日，习近平总书记在第十二届全国人民代表大会第一次会议上发表重要讲话，阐述了中国梦的内涵。他指出："生活在我们伟大祖国和伟大时代的中国人民，共同享有人生出彩的机会，共同享有梦想成真的机会，共同享有同祖国和时代一起成长与进步的机会。""实现中国梦必须走中国道路。这就是中国特色社会主义道路。""实现中国梦必须弘扬中国精神。这就是以爱国主义为核心的民族精神，以改革创新为核

---

〔1〕习近平：《承前启后继往开来　朝着中华民族伟大复兴目标奋勇前进》，《人民日报》2012 年 11 月 30 日。

心的时代精神。"[1]

2016 年 12 月 12 日，习近平总书记在会见第一届全国文明家庭代表时的讲话中阐述了爱国与爱家的统一。他指出："只有实现中华民族伟大复兴的中国梦，家庭梦才能梦想成真。中国人历来讲求精忠报国，革命战争年代母亲教儿打东洋、妻子送郎上战场，社会主义建设时期先大家后小家、为大家舍小家，都体现着向上的家庭追求，体现着高尚的家国情怀。广大家庭都要把爱家和爱国统一起来，把实现家庭梦融入民族梦之中，心往一处想，劲往一处使，用我们 4 亿多家庭、13 亿多人民的智慧和热情汇聚起实现'两个一百年'奋斗目标、实现中华民族伟大复兴中国梦的磅礴力量。"[2]

实现中国梦，就是实现人民对美好生活的向往。中国梦实现的过程就是解决一件又一件人民关心的具体事情的过程。中国梦是看得见、摸得着的，是真实的、可以实现的。

2. 中国梦是"中国梦，亚洲梦，世界梦"

关于中国梦与世界梦的关系，习近平总书记这样表述："中国梦与世界梦息息相通，中华民族应该对人类社会作出更大贡献。"[3]

习近平总书记从统筹国内国际两个大局的需要出发，阐述了中国梦与世界梦的一致性。他在党的十九大报告中指出："中国人民的梦想同各国人民的梦想息息相通，实现中国梦离不开和平的国际环境和稳定的国际秩序。必须统筹国内国际两个大局，始终不渝走和平发展道路、奉行互利

〔1〕习近平：《在第十二届全国人民代表大会第一次会议上的讲话》，《人民日报》2013 年 3 月 18 日。
〔2〕习近平：《在会见第一届全国文明家庭代表时的讲话》，《人民日报》2016 年 12 月 16 日。
〔3〕习近平：《在纪念五四运动 100 周年大会上的讲话》，《人民日报》2019 年 5 月 1 日。

共赢的开放战略，坚持正确义利观，树立共同、综合、合作、可持续的新安全观，谋求开放创新、包容互惠的发展前景，促进和而不同、兼收并蓄的文明交流，构筑尊崇自然、绿色发展的生态体系，始终做世界和平的建设者、全球发展的贡献者、国际秩序的维护者。"

（二）社会主义核心价值观的中国智慧

社会主义不仅是一种制度安排、一种治理模式、一种发展道路，更是一种共同价值观。社会主义核心价值观可以概括为 24 字，即富强、民主、文明、和谐；自由、平等、公正、法治；爱国、敬业、诚信、友善。"富强、民主、文明、和谐"代表国家层面，描述的是社会主义现代化国家的建设目标，对其他层次的价值理念具有统领作用；"自由、平等、公正、法治"代表社会层面，是对美好社会的表述，也是从社会层面对社会主义核心价值观基本理念的凝练；"爱国、敬业、诚信、友善"代表个人层面，覆盖社会道德生活的各个领域，是公民必须遵守的基本道德准则，也是评价公民道德行为的基本价值标准。

1. 社会主义核心价值观具有历史性

社会主义核心价值观不是凭空产生的，它与中华优秀传统文化和人类文明优秀成果相承接。2014 年 2 月 24 日，习近平总书记在主持中共中央政治局第十三次集体学习时发表讲话指出："培育和弘扬社会主义核心价值观必须立足中华优秀传统文化。"[1]

---

〔1〕习近平：《把培育和弘扬社会主义核心价值观作为凝魂聚气强基固本的基础工程》，《人民日报》2014 年 2 月 26 日。

习近平总书记在党的十九大报告中指出："培育和践行社会主义核心价值观。……深入挖掘中华优秀传统文化蕴含的思想观念、人文精神、道德规范，结合时代要求继承创新，让中华文化展现出永久魅力和时代风采。"

2. 社会主义核心价值观具有时代性

社会主义核心价值观不仅是价值观，而且也是时代精神。2014 年10 月 15 日，习近平总书记在文艺工作座谈会上指出："每个时代都有每个时代的精神。我曾经讲过，实现中国梦必须走中国道路、弘扬中国精神、凝聚中国力量。核心价值观是一个民族赖以维系的精神纽带，是一个国家共同的思想道德基础。如果没有共同的核心价值观，一个民族、一个国家就会魂无定所、行无依归。为什么中华民族能够在几千年的历史长河中生生不息、薪火相传、顽强发展呢？很重要的一个原因就是中华民族有一脉相承的精神追求、精神特质、精神脉络。"[1]

3. 普及社会主义核心价值观要重视学校思政课

2019 年 3 月 18 日，习近平总书记主持召开学校思想政治理论课教师座谈会并发表重要讲话，从党和国家事业长远发展的战略高度出发，深刻阐明学校思政课的重要意义，就如何办好新时代思政课作出部署、提出要求。习近平总书记提出"八个统一"的具体要求，即要坚持政治性和学理性相统一、坚持价值性和知识性相统一、坚持建设性和批判性相统一、坚持理论性和实践性相统一、坚持统一性和多样性相统一、坚

---

〔1〕习近平：《在文艺工作座谈会上的讲话》，《人民日报》2015 年 10 月 15 日。

持主导性和主体性相统一、坚持灌输性和启发性相统一、坚持显性教育和隐性教育相统一，为思政课的改革创新指明了方向，明确指出办好思政课关键在教师，关键在发挥教师的积极性、主动性、创造性。推动思想政治理论课改革创新，要不断增强思政课的思想性、理论性、针对性和亲和力。

中国共产党立志于中华民族千秋伟业，必须培养一代又一代拥护中国共产党领导和社会主义制度、立志为实现共产主义奋斗终身的有用人才。办好学校思政课，用社会主义核心价值观武装青年一代的思想，事关中国特色社会主义事业后继有人，是培养一代又一代社会主义建设者和接班人的重要保障。在这个问题上，必须提高政治站位、深化思想认识，必须旗帜鲜明、毫不含糊，要办好思政课，把立德树人的根本任务真正落实到位。

2019年4月30日，习近平总书记在纪念五四运动100周年大会上站在党和国家事业长远发展的战略高度阐述了党与青年的关系："中国共产党立志于中华民族千秋伟业，必须始终代表广大青年、赢得广大青年、依靠广大青年，用极大力量做好青年工作。""做青年朋友的知心人、青年工作的热心人、青年群众的引路人。""新时代中国青年，要有家国情怀，也要有人类关怀，发扬中华文化崇尚的四海一家、天下为公精神，为实现中华民族伟大复兴而奋斗，为推动共建'一带一路'、推动构建人类命运共同体而努力。"[1]

---

〔1〕习近平：《在纪念五四运动100周年大会上的讲话》，《人民日报》2019年5月1日。

（三）建立最广泛的爱国统一战线的中国智慧

建立最广泛的爱国统一战线，团结并发挥好包括港澳台同胞、全球华人华侨在内的一切爱国人士的积极作用，这是社会实践中激发活力的保障。

1. 建立最广泛的爱国统一战线

随着改革开放的推进和经济社会状况的变化，我国的统一战线不断扩大，统一战线的性质和内容也在不断变化。新民主主义革命时期，统一战线是由工人阶级、农民阶级、小资产阶级和民族资产阶级组成的阶级联盟，是革命统一战线。在社会主义建设和改革时期，阶级状况和党派关系、民族关系等发生了根本变化。为了适应这些变化，统一战线由四个方面的联盟变为以社会主义和爱国主义为基础的劳动者和爱国者的政治联盟，这是统一战线与时俱进的表现，是新时期新阶段统一战线的根本点。2018 年 3 月 11 日，第十三届全国人民代表大会第一次会议通过的宪法修正案，将"包括全体社会主义劳动者、社会主义事业的建设者、拥护社会主义的爱国者和拥护祖国统一的爱国者的广泛的爱国统一战线"修改为"包括全体社会主义劳动者、社会主义事业的建设者、拥护社会主义的爱国者、拥护祖国统一和致力于中华民族伟大复兴的爱国者的广泛的爱国统一战线"。

爱国统一战线的内容被概括为"长期共存，互相监督，肝胆相照，荣辱与共"十六字方针，它是中国共产党领导的多党合作和政治协商制度的基本方针，也是中国共产党和各民主党派以及无党派人士团结合作的指导方针。

中国人民政治协商会议是中国共产党领导的多党合作和政治协商的重要机构，是中国政治生活中发扬社会主义民主的一种重要形式。中国人民政治协商会议是在新中国成立前夕由中国共产党和各民主党派、无党派民主人士、各人民团体、各界爱国人士共同创立的。它对国家大政方针和群众生活的重要问题进行政治协商，并通过建议和批评发挥参政议政、民主监督的作用。

2014 年 9 月 21 日，习近平总书记在庆祝中国人民政治协商会议成立 65 周年大会上指出，协商民主是中国社会主义民主政治中独特的、独有的、独到的民主形式，具有深厚的文化基础、理论基础、实践基础、制度基础。社会主义民主不仅需要完整的制度程序，而且需要完整的参与实践。"在中国共产党统一领导下，通过多种形式的协商，广泛听取意见和建议，广泛接受批评和监督，有效克服决策中情况不明、自以为是的弊端；可以广泛达成决策和工作的最大共识，有效克服党派和利益集团为自己的利益相互竞争甚至相互倾轧的弊端；可以广泛畅通各种利益要求和诉求进入决策程序的渠道，有效克服不同政治力量为了维护和争取自己的利益固执己见、排斥异己的弊端；可以广泛形成发现和改正失误和错误的机制，有效克服决策中情况不明、自以为是的弊端；可以广泛形成人民群众参与各层次管理和治理的机制，有效克服人民群众在国家政治生活和社会治理中无法表达、难以参与的弊端；可以广泛凝聚全社会推进改革发展的智慧和力量。"[1]

习近平总书记在党的十九大报告中提出巩固和发展爱国统一战线。

---

[1] 习近平：《在庆祝中国人民政治协商会议成立 65 周年大会上的讲话》，《人民日报》2014 年 9 月 22 日。

"统一战线是党的事业取得胜利的重要法宝，必须长期坚持。要高举爱国主义、社会主义旗帜，牢牢把握大团结大联合的主题，坚持一致性和多样性统一，找到最大公约数，画出最大同心圆。"

2. 发挥好港澳台同胞、全球华人华侨的积极作用

我国改革开放取得了举世瞩目的伟大成就，这与港澳台同胞、全球华人华侨的巨大贡献分不开。他们桑梓情深，情系故里，为中国的改革开放与家乡的发展建设献计献力、投资兴业，作出了重要贡献。他们是中国改革开放的支持者、祖国建设的投资者与参与者、中外友好交流的促进者、中华文化的传播者、中国和平统一的坚定推动者。

改革开放之初，港澳台同胞、华人华侨返乡投资，建设家园，积极参与"引进来"经贸发展战略。第一批设立的四个特区都在侨乡。深圳毗邻香港，珠海靠近澳门，厦门与台湾隔海相望。汕头之所以也能成为特区，就在于潮汕地区是著名的侨乡。中国有超过 6000 万的海外华人华侨，其中潮汕籍侨胞超过 1000 万人，主要集中在"海上丝绸之路"沿线国家且具备相当实力。[1]

改革开放初期，港澳台同胞、华人华侨回乡办厂，不仅带来资金、技术、订单，还培养了一批管理人员，有力地带动了民营企业发展，也培育了第一代民营企业家，为改革开放带来了第一桶金。改革开放以来，福建省累计利用侨资 900 多亿美元，占利用外资总额的 80% 左右。在中国制造业最发达的珠江三角洲地区，60% 以上的外来直接投资源于华人华侨等。而世界级企业的纷纷落户也与他们的牵线搭桥密不可分。以有着中国

---

〔1〕参见沙晗汀：《潮汕侨批：一头是历史，一头是未来》，中国新闻网 2017 年 5 月 12 日。

"三大侨乡"之一的广东江门为例：如今，江门籍的华人华侨已遍布世界。他们一方面回到家乡江门投资侨资企业，另一方面引来了法国达能、新加坡金鹰集团等国际巨头，为推动当地经济发展起着举足轻重的作用。

随着经济全球化进程不断加快，中国加入世贸组织，中国企业与产品"走出去"成为大势所趋。越来越多的华人华侨转换角色，成为中国资本"走出去"的领路人。早在1995年12月，新加坡华商总会就正式推出了世界华商网络，这一大型华商资料库包括53个国家和地区10多万家华人企业的信息资料，帮助许多中国企业在东南亚地区打开了局面。一个接着一个的海外"中国城"成为新的唐人街。

第二章

生生不息的奋斗精神

广大党员干部必须牢记党的理想信念和根本宗旨，必须弘扬伟大的长征精神，必须发扬革命战争年代那种敢于战斗、不怕困难的奋斗精神，勇于战胜各种艰难险阻、风险挑战，奋力夺取新时代中国特色社会主义新胜利。

——习近平在"不忘初心、牢记使命"主题教育工作会议上的讲话（2019 年 5 月 31 日）

生生不息的奋斗精神是植根在中华民族本性中的基因。

中华民族是奋斗的民族。在历史长河里，中华民族经历过风雨如晦的动荡岁月，也陷入过国破山河在的艰难境地，但是挫折压不垮中华民族，反而激励着中华民族吐故纳新，奋勇向前。"咬定青山不放松，立根原在破岩中。千磨万击还坚劲，任尔东西南北风。"危难关头，更显中华儿女的英雄本色。外敌入侵，中华儿女从未卑躬屈膝。中华儿女生生不息的奋斗精神，书写了一部又一部气壮山河的英雄史诗。

"为有牺牲多壮志，敢教日月换新天。"五四精神、"红船精神"、井冈山精神、长征精神、延安精神、西柏坡精神、雷锋精神、"两弹一星"精神、改革开放精神、特区精神、抗震救灾精神、奥运精神、载人航天精神……生生不息的奋斗精神不仅创造了灿烂的物质文明，而且创造了辉煌的精神文明，它是中华民族屹立于世界民族之林的强大精神力量。70年来，我们秉承着生生不息的奋斗精神，将不同个体的奋斗汇聚成为共同奋斗的向上力量，将不同时段的奋斗连接成接力奋斗的持续力量，将面对艰难险阻的勇者无畏升华为顽强奋斗的伟大力量。

一、传统文化中的奋斗精神

在漫长的历史中，中华民族形成了自己的思维方式、行为规范和性格特征，建构了一套中华民族的智力系统、知识系统、技能系统、认识体系、思维体系、观念系统、审美体系、价值系统。中国智慧就是中华文化发展进程中凝聚成的价值观、判断力、执行力。

中国智慧与中国人的性格特质有密切联系。对于中国人的性格特质，存在不同的观点。有的认为中国人的性格深受儒家文化的影响，有的认为中国人的性格深受农耕文化的影响；有的认为中国人的性格是保守、封闭、内敛的；有的认为中国人的性格是开放、包容、大度的。

其实，中国人的性格特质在不同的时代具有不同的特点。但是，有一点是相同的，那就是勤劳勇敢。即便在鸦片战争后中国近代史特殊历史时期，依然能够看到中国人性格中勤劳勇敢、忍耐执着、具有极强的生命力的共性。

（一）勤劳敬业

勤劳敬业包含两层含义：第一，提倡劳动光荣与快乐。劳动是人维持自我生存和自我发展的唯一手段，劳动是人类社会生存和发展的基础。中国人的劳动观植根在中国人的性格与血液中，成为中国人的智慧源泉。第二，提倡爱岗敬业与工匠精神。爱岗就是热爱自己的工作岗位，热爱本职工作；敬业就是要用一种恭敬严肃的态度对待自己的工作。只有爱岗敬业，才能够形成精益、专注、创新的工匠精神。

1. 劳动光荣与劳动快乐

《诗经》作为中国最早的一部诗歌总集，收录了不少关于劳动的诗，有大量描写劳动场面的文字，反映了中华民族以劳动为光荣为快乐的传统美德。

《诗·豳风·七月》："七月流火，九月授衣。一之日觱发，二之日栗烈。无衣无褐，何以卒岁？三之日于耜，四之日举趾。同我妇子，馌彼南亩。田畯至喜。七月流火，九月授衣。……九月肃霜，十月涤场。朋酒斯飨，曰杀羔羊，跻彼公堂。称彼兕觥：万寿无疆。""七月流火，九月授衣"描述的是周历九月，妇女提前为严冬准备粗布衣服。全诗描绘了季节转移，时间交替，而劳动人民始终劳动不息。农夫虽然辛苦，但是懂得"人勤地生宝"，以劳动为荣。劳动之余也能"朋酒斯飨，曰杀羔羊，跻彼公堂"，享用劳动与汗水换来的佳肴。

《诗·小雅·鹿鸣之什》是一首描写劳动之余宴飨亲友故旧的诗歌："伐木丁丁，鸟鸣嘤嘤。出自幽谷，迁于乔木。嘤其鸣矣，求其友声。……迨我暇矣，饮此湑矣。"伐木者从鸟类的"求其友声"，认识到人们密切交往的必要性。"迨我暇矣，饮此湑矣"，说的是有空一定要和亲朋好友共饮美酒。由此可见，劳动成了认识社会的途径，产生的乐趣足以抵消劳碌带来的劳累。

《诗·周南·芣苢》："采采芣苢，薄言采之。采采芣苢，薄言有之。采采芣苢，薄言掇之。采采芣苢，薄言捋之。采采芣苢，薄言袺之。采采芣苢，薄言襭之。"通过采、摘、拾、捋、兜等动作，简洁明了地刻画出妇女们辛劳采集车前子的过程，通过这一系列的动作，让人们看到了劳动人民的勤劳。

《诗·魏风·十亩之间》："十亩之间兮，桑者闲闲兮。行与子还兮。十亩之外兮，桑者泄泄兮，行与子逝兮。"这表达了劳动者辛勤劳作而欢悦的情感，以及以不劳而获为耻的态度。

2. 爱岗敬业与工匠精神

《礼记·学记》有言："一年视离经辨志，三年视敬业乐群。"孔子认为，敬业的关键是忠于职守。他称："居处恭，执事敬，与人忠。虽之夷狄，不可弃也。"（《论语·子路》）老子认为，敬业要切忌半途而废。他称："慎终如始，则无败事。"（《道德经》）朱熹称："敬业者，专心致志以事其业也；乐群者，乐于取益，以辅其仁也。"（《朱子文集》）

《诗经》把对骨器、象牙、玉石的加工形象地描述为"如切如磋""如琢如磨"。朱熹在《论语集注》中解读为"治之已精，而益求其精也"。《庄子》中的"庖丁解牛，技进乎道"、《尚书》中的"惟精惟一，允执厥中"，都体现了中国古代的工匠精神。

中国古代工匠精神的代表性人物很多，比如工匠鲁班。鲁班的名字已经成为古代劳动人民智慧的象征，是木工的祖师爷。木工师傅们用的手工工具，如钻、刨子、铲子、曲尺、画线用的墨斗，据说都是鲁班发明的。

蔡伦造纸。《后汉书·蔡伦传》记载："自古书契，多编以竹简；其用缣帛者，谓之为纸。缣贵而简重，并不便于人。伦乃造意，用树肤、麻头及敝布、鱼网以为纸。"

（二）勤政、廉洁、爱民

勤政、廉洁、爱民包含两层含义：对于臣子而言，要求勤政与廉政。恪尽职守，勤于政事，为历代统治者所提倡，也为儒家思想所认可，是儒家思想的基本要求；对于君王而言，要求勤政与爱民。历代明君无不勤政、纳谏、果敢、英明。反之，历代昏君或者沉迷于后宫荒淫无度，或者沉迷于木匠活儿、字画、珠宝不理朝政，或者重用太监、后戚、奸臣滥杀忠良。

1. 勤政与廉政

官员勤政需要廉政。勤政对应的是"懒政"。不作为的"懒政"危害极大，勤政才能多为百姓做实事。但是仅有勤政是不够的，除了勤政，更需要善政，需要廉政。官员只有廉洁自律，官场只有建立廉政制度，才能保障勤政为民。

以中国传统村落的楹联为例。潮汕古村落是最具代表性的中国传统村落之一。潮汕古村落的楹联也是中国传统社会家风、乡风的一个缩影。潮阳区下底村黄武贤纪念馆的两副楹联为"平夷安邦千秋颂 勤政爱民万古传""贤惠邦乡数十年立地顶天清风正气耀南方"；唐伯元纪念馆的两副楹联分别为"正气一腔评吏绩 奏章二本洁儒风""忧国千行疏 传经百代心"；韩文公祠的楹联为"辟佛累千言，雪冷蓝关，从此儒风开岭峤；到官才八月，潮平鳄诸，于今香火遍瀛洲"；潮汕大姓纪氏祠堂的楹联为"山阴善政千秋赫 潮郡清风五邑扬"；潮汕大姓郭氏祠堂的楹联为"礼乐冠裳光祀典 忠诚廉节振家风"。这些楹联反映了"修身齐家治国平天下"的儒家入世哲学，以及宣扬"忠孝仁爱信义"的儒家思想，提倡"廉洁刚直"做人、主张"两袖清风"为官的家风与乡风。

819 年，韩愈被贬为潮州刺史。驱除鳄鱼，奖劝农桑，兴办教育，大修水利，延选人才，传播中原先进文明，从而使当时的蛮荒之地潮州发生了翻天覆地的变化。潮州人民感恩韩愈，潮州的山水、路堤、亭台，很多都为纪念韩愈而命名，有人因此赞道："不虚南谪八千里，赢得江山都姓韩。"

1094 年，苏东坡被贬为远宁军节度副使。初到惠州，苏东坡就把皇帝赏赐的黄金拿出来，捐助疏浚湖泊，修建长堤。民众欢庆不已，"父老喜云集，箪壶无空携，三日饮不散，杀尽村西鸡"。在惠州期间，他关心民生疾苦，揭露时政黑暗，劝说地方官吏为民办好事，深受惠州人民的爱戴。同时，他写下了很多赞叹惠州山水风光之美、抒发忧国忧民胸怀的诗文。

1045 年，欧阳修被贬为滁州太守。在滁州当太守期间，他勤政爱民，关心民众疾苦，大力发展农业生产。滁州呈现出政治清明、经济发展、社会稳定、百姓安居乐业的和谐景象。一日，他登临醉翁亭，挥笔写成了传诵千古的《醉翁亭记》。"然而禽鸟知山林之乐，而不知人之乐；人知从太守游而乐，而不知太守之乐其乐也。醉能同其乐，醒能述以文者，太守也。太守谓谁？庐陵欧阳修也。"太守之乐既是观赏美景自然陶醉之乐，也是感怀民众安居乐业之乐。

2. 勤政与爱民

君王需要勤政爱民。爱民是衡量勤政的标准。老子赞扬了献身天下的可贵品质，他表示："故贵以身为天下，若可寄天下；爱以身为天下，若可托天下。"

《尚书》中有很多要求君王勤于政务的内容。《尚书·虞书·皋陶谟》称赞帝尧"无教逸欲有邦，兢兢业业，一日二日万几"。《尚书·商书·盘庚》要求官员做事要像农民种地那样勤劳。"若网在纲，有条而不紊。若农服田力穑，乃亦有秋。""惰农自安，不昏作劳，不服田亩，越其罔有黍稷。"

《尚书·周书·金縢》中周成王称赞其叔父周公"昔公勤劳王家，惟予冲人弗及知"。周公是古代帝王的榜样，他本人的"勤劳王家"和他所称赞的农夫"勤劳稼穑"，自然是高尚的美德。《史记·楚世家》提到周成王时的宗室，就称为"文、武勤劳之后嗣"。

1084年司马光编撰完成《资治通鉴》，在这部横跨16个朝代1362年的巨著历史中，他把历史上的君主分为创业、守成、陵夷、中兴、乱亡五类，对文景之治、贞观之治等贤明政治重点论述，体现了司马光主张为君亲政、勤政爱民的政治主张。

二、不断创造中国奇迹的中国智慧

新中国成立70年，是不断创造伟大奇迹、彻底改变中华民族前途命运的70年。70年来，我们创造了世界经济发展的伟大奇迹，创造了民生改善的伟大奇迹，创造了科技进步的伟大奇迹，创造了制度创新的伟大奇迹。

（一）经济发展与经济体制改革的中国智慧

新中国 70 年的历史证明，推动经济发展，必须推动经济体制改革。我国经济发展与经济体制改革的智慧主要体现在两个方面：坚持"发展才是硬道理"的发展观、坚持经济发展与经济体制改革相配套。

1. 坚持"发展才是硬道理"的发展观

新中国成立以来，我国把发展经济作为重要任务。第一个五年计划确定了国民经济发展远景目标和方向，对国家重大建设项目、生产力布局和国民经济重要比例关系作出规划。至 1957 年，"一五"计划超额完成了规定的任务，实现了国民经济的快速增长，奠定了工业化基础。

1978 年 12 月，党的十一届三中全会在北京举行。此次全会纠正党在指导思想上"左"的错误，果断停止使用"以阶级斗争为纲"的口号，作出把全党工作的重点和全国人民的注意力转移到社会主义现代化建设上来的战略决策，指出实现现代化是一场广泛、深刻的革命，要求大幅度提高生产力，改变与生产力发展水平不适应的生产关系和上层建筑，改变一切不适应的管理方式、活动方式和思想方式，在独立自主的基础上展开对外经济合作，借鉴国外有益的管理经验和管理方法，为社会主义建设服务。

1987 年党的十三大把党的基本路线核心内容概括为"一个中心、两个基本点"，即以经济建设为中心，坚持四项基本原则，坚持改革开放。

一个国家选择什么样的道路，关键要看这条道路能否解决这个国家面临的发展课题。一个国家的社会制度好不好，关键要看这种制度是否有利于这个国家的经济社会发展和人民生活水平提高。一个国家的发展道路合不合适，只有这个国家的人民有发言权。1992年，邓小平南方谈话的中心内容还是经济建设。邓小平在谈话中强调坚持党的十一届三中全会以来的路线，关键是坚持"一个中心、两个基本点"；不坚持社会主义，不改革开放，不发展经济，不改善人民生活，只能是死路一条；基本路线要管一百年，动摇不得。

同时，针对不少人在改革开放问题上迈不开步子，不敢闯，以及理论界对改革开放性质的争论，针对姓"资"还是姓"社"的问题，邓小平指出："判断的标准，应该主要看是否有利于发展社会主义社会的生产力，是否有利于增强社会主义国家的综合国力，是否有利于提高人民的生活水平。"[1]"三个有利于"成为人们评判一切工作是非得失的根本标准，同时也回答了中国特色社会主义为什么"好"的问题。

2018年12月18日，习近平总书记在庆祝改革开放40周年大会上发表重要讲话。他指出："必须坚持以发展为第一要务，不断增强我国综合国力。改革开放40多年的实践启示我们：解放和发展社会生产力，增强社会主义国家的综合国力，是社会主义的本质要求和根本任务。只有牢牢扭住经济建设这个中心，毫不动摇坚持发展是硬道理、发展应该是科学发展和高质量发展的战略思想，推动经济社会持续健康发展，才能全面增强我国经济实力、科技实力、国防实力、综合国力，才能为坚持和发展中国特色社会主义、实现中华民族伟大复兴奠

---

〔1〕邓小平：《在武昌、深圳、珠海、上海等地的谈话要点》，《邓小平文选》第三卷，人民出版社1993年版，第372页。

定雄厚物质基础。"[1]

坚持"发展才是硬道理",体现了马克思主义关于正确处理生产力与生产关系、经济基础与上层建筑的科学发展观,体现了按照矛盾论遵循事物发展变化规律、抓住主要矛盾解决主要问题的正确方法论。

坚持"发展才是硬道理",不是不重视解决其他问题、次要矛盾,而是坚持推动发展、解决问题需要循序渐进、分步实施;坚持"发展才是硬道理",不是权宜之计,而是无论是在发展初期,还是在发展之后都应该坚持的科学发展观与正确方法论;坚持"发展才是硬道理",不是仅仅重视经济增长速度,而是在重视经济增长速度的同时,重视经济增长质量,坚持经济增长速度与经济增长质量同步发展。

2. 坚持经济发展与经济体制改革相配套

经济发展必须配套进行经济体制改革。但是,并非所有的经济体制改革都能推动经济发展。经济体制改革不能照搬西方经验,而是要坚持中国特色社会主义发展道路。

（1）经济体制改革需要分步骤、分阶段推进

我国经济体制改革首先是从农村家庭联产承包责任制开始的,"先农村,后城市,先农业,后工业"。经济体制改革包括所有制改革、经济运行机制改革、分配制度改革。在所有制改革上,我国打破单一公有制,建立了公有制为主体、多种所有制经济共同发展的所有制结构。在分配制度改革上,打破了"大锅饭""铁饭碗",建立了按劳分配为主体、多种分配方式并存的分配制度。

---

〔1〕习近平:《在庆祝改革开放 40 周年大会上的讲话》,《人民日报》2018 年 12 月 19 日。

（2）经济体制改革需要处理好与政治体制改革、社会体制改革的关系

经济体制改革必然要求其他方面改革相配套。推动政治体制改革、社会体制改革是经济体制改革的必然要求。但是，政治体制改革不能照搬西方模式，而是要坚持走符合国情的中国特色社会主义道路，坚持"四项基本原则"，坚持党的领导，推进国家治理体系与治理能力现代化。

（二）经济发展与全面改善民生的中国智慧

新中国70年的历史证明，推动经济发展，必须重视全面改善民生。经济发展与全面改善民生的中国智慧主要体现在两个方面：坚持生产与消费相协调的发展观、坚持"改革发展成果更多更公平惠及人民群众"的发展观。

1. 坚持生产与消费相协调的发展观

生产与消费是一对矛盾。没有消费，也就没有生产，因为如果没有消费，生产就没有目的。

第二次世界大战以后，消费经济成为现代经济的标志，消费是发达国家经济增长的主要驱动力。美国是典型消费型国家，消费占国内生产总值比重保持在60%～70%，英国和日本消费占国内生产总值比重保持在50%～60%。观察发达国家经济发展可知，消费从来都不是直线上升的，而是"波浪式推进"，具有"繁荣、萧条、衰退、复苏"周期性特点，消费降级与升级相互交织，相互转化。其中，消费升级是长期趋

势，消费降级是短期现象，消费降级往往孕育着下一波消费升级。

当前，我国消费市场大致处于发达国家从服务消费转向现代服务业消费、从品牌消费转向个性与理性消费的时期。2018 年我国国内生产总值首次突破 90 万亿元人民币，人均国内生产总值约为 64644 元人民币，最终消费占国内生产总值的 54% 以上，对国内生产总值增速的贡献率达到 76.2%，消费成为我国经济增长第一拉动力。

因此，经济发展要坚持生产与消费相协调的发展观。首先，不能只重视生产，而不重视配置消费市场；其次，不能只重视重工业，而忽视轻工业，特别是在信息化时代，更要重视发展以现代服务业为核心的第三产业；最后，要通过财政、税收等多种手段，提高人均国内生产总值。在经济起步与发展初期，国内生产总值增长可以高于人均国内生产总值增长；在经济发展到了一定水平，就要求人均国内生产总值增长等于或者大于国内生产总值增长。

2. 坚持"让改革发展成果更多更公平惠及全体人民"的发展观

民生一般是指百姓的基本生计。孙中山将"民生"上升到"主义"，上升到国家方针大政的高度。孙中山对民生的解释是："民生就是人民的生活——社会的生存，国民的生计，群众的生命。"[1] "民生就是政治的中心，就是经济的中心和种种历史活动的中心。"[2]

民生建设要体现在努力办好人民满意的教育，推动实现更高质量的就业，千方百计增加居民收入，统筹推进城乡社会保障体系建设，提高

〔1〕孙中山：《孙中山选集》，人民出版社 1981 年版，第 802 页。
〔2〕孙中山：《孙中山选集》，人民出版社 1981 年版，第 825 页。

人民健康水平，加强和创新社会管理等方面。

只有坚持"让改革发展成果更多更公平惠及全体人民"的发展观，改革发展才能赢得更广大人民群众的支持、拥护、参与，才能维护安定团结的政治局面，保持繁荣发展的经济形势。

三、中华民族不懈奋斗的伟大力量

中华民族不懈奋斗的伟大力量是智慧的力量。因为有智慧，所以有力量。中华民族不懈奋斗的伟大力量在激情燃烧的岁月中表现为奉献精神，在前赴后继的革命年代表现为英雄主义，在波澜壮阔的改革历程中表现为拼搏精神。

2018年12月18日，习近平总书记在庆祝改革开放40周年大会上形象地描述了近代以来中国人民的经历与中华民族不懈奋斗的伟大力量。他说："在近代以来漫长的历史进程中，中国人民经历了太多太多的磨难，付出了太多太多的牺牲，进行了太多太多的拼搏。现在，中国人民和中华民族在历史进程中积累的强大能量已经充分爆发出来了，为实现中华民族伟大复兴提供了势不可挡的磅礴力量。"[1]

（一）共同奋斗的中国智慧

团结就是力量。"人心齐，泰山移。"事成于和睦，力生于团结。国家是否有力量，国土面积、人口数量、经济发展水平只是影响因素之一，却非决定性因素。那么，什么是决定性因素？决定性因素是人。

---

〔1〕习近平：《在庆祝改革开放40周年大会上的讲话》，《人民日报》2018年12月19日。

从小岗破冰、深圳兴涛、海南弄潮，再到浦东逐浪、雄安扬波……这一连串的中国奇迹，是亿万中国人民共同奋斗创造的奇迹，是中国人民在中国共产党的正确领导下团结奋斗创造的奇迹。

1. 确立共同的目标

有了共同的目标，就能激发各方热情，实现合作共赢。马克思从历史唯物主义出发深刻地揭示了共同目标与共同利益之间的关系。他指出，"人们为之奋斗的一切，都同他们的利益有关"[1]。邓小平指出："我们共产党人的最高理想是实现共产主义，在不同历史阶段又有代表那个阶段最广大人民利益的奋斗纲领。因此我们才能够团结和动员最广大的人民群众，叫做万众一心。有了这样的团结，任何困难和挫折都能克服。"[2]

毛泽东曾说："中国古代有个寓言，叫做'愚公移山'。说的是古代有一位老人，住在华北，名叫北山愚公。他的家门南面有两座大山挡住他家的出路，一座叫做太行山，一座叫做王屋山。愚公下决心率领他的儿子们要用锄头挖去这两座大山。有个老头子名叫智叟的看了发笑，说是你们这样干未免太愚蠢了，你们父子数人要挖掉这样两座大山是完全不可能的。愚公回答说：我死了以后有我的儿子，儿子死了，又有孙子，子子孙孙是没有穷尽的。这两座山虽然很高，却是不会再增高了，挖一点就会少一点，为什么挖不平呢？愚公批驳了智叟的错误思想，毫

---

〔1〕马克思：《第六届莱茵省议会的辩论》，《马克思恩格斯全集》第一卷，人民出版社1995年版，第187页。
〔2〕邓小平：《用坚定的信念把人民团结起来》，《邓小平文选》第三卷，人民出版社1993年版，第190页。

不动摇，每天挖山不止。这件事感动了上帝，他就派了两个神仙下凡，把两座山背走了。现在也有两座压在中国人民头上的大山，一座叫做帝国主义，一座叫做封建主义。中国共产党早就下了决心，要挖掉这两座山。我们一定要坚持下去，一定要不断地工作，我们也会感动上帝的。这个上帝不是别人，就是全中国的人民大众。全国人民大众一齐起来和我们一道挖这两座山，有什么挖不平呢？"[1]

2. 每个人都努力奋斗

只有每个人都为美好梦想而奋斗，才能汇聚起实现中国梦的磅礴力量。

要激发每个人的奋斗精神，就要创造公平的竞争环境，推动依法治国，建设法治中国。习近平总书记强调："公平正义是中国特色社会主义的内在要求，所以必须在全体人民共同奋斗、经济社会发展的基础上，加紧建设对保障社会公平正义具有重大作用的制度。"[2]

奋斗是一种幸福，幸福都是奋斗出来的。只有奋斗的人生才称得上幸福的人生。习近平总书记在 2018 年春节团拜会上的讲话中指出，奋斗者是精神最为富足的人，也是最懂得幸福、最享受幸福的人。正如马克思所说："历史把那些为共同目标工作因而自己变得高尚的人称为最伟大的人物；经验赞美那些为大多数人带来幸福的人是最幸福的人。"[3]

---

〔1〕毛泽东：《愚公移山》，《毛泽东选集》第三卷，人民出版社 1991 年版，第 1102 页。
〔2〕习近平：《紧紧围绕坚持和发展中国特色社会主义　学习宣传贯彻党的十八大精神》，《人民日报》2012 年 11 月 19 日。
〔3〕马克思：《青年在选择职业时的考虑》，《马克思恩格斯全集》第一卷，人民出版社 1995 年版，第 459 页。

3. 坚持中国共产党的领导

中国共产党是我们各项事业的领导核心。1954 年，毛泽东在第一届全国人民代表大会上庄严地宣布："领导我们事业的核心力量是中国共产党。"这一重大政治结论客观真实地反映了自近代以来中国人民和中华民族为实现民族解放、国家富强、人民幸福而不懈奋斗的历史逻辑、理论逻辑和实践逻辑。

正是因为有中国共产党这个坚强的领导核心，中国人民和中华民族才迎来了从站起来、富起来到强起来的伟大飞跃。2012 年 11 月 15 日，习近平总书记在十八届中共中央政治局常委同中外记者见面时指出，我们的责任，就是要团结带领全党全国各族人民，接过历史的接力棒，继续为实现中华民族伟大复兴而努力奋斗。

4. 发挥爱国统一战线的作用

自毛泽东在《〈共产党人〉发刊词》中首次明确了统一战线的地位后，统一战线就成了中国共产党人的传家宝。《中国共产党统一战线工作条例》第二条指出："统一战线是中国共产党凝聚人心、汇聚力量的政治优势和战略方针，是夺取革命、建设、改革事业胜利的重要法宝，是增强党的阶级基础、扩大党的群众基础、巩固党的执政地位的重要法宝，是全面建成小康社会、加快推进社会主义现代化、实现中华民族伟大复兴中国梦的重要法宝。"

（二）接力奋斗的中国智慧

接力奋斗既是一代人持续的奋斗，也是一代人与一代人之间传承的奋斗。接力奋斗的中国智慧体现了量变质变发展规律。

1. 接力奋斗要求有长期奋斗的准备

接力奋斗是由一代人接一代人的奋斗串联起来的长期奋斗。建成社会主义现代化强国是一场接力跑，实现中华民族伟大复兴的中国梦需要接力奋斗。

2012年12月31日，习近平总书记在主持十八届中共中央政治局第二次集体学习时的讲话中指出，改革开放是一项长期的、艰巨的、繁重的事业，必须一代又一代人接力干下去。必须坚持社会主义市场经济的改革方向，坚持对外开放的基本国策，以更大的政治勇气和智慧，不失时机深化重要领域改革，朝着改革开放方向奋勇前进。

2. 接力奋斗要求青年不懈奋斗

"自古英雄出少年。"在漫漫历史长河中，中华民族青年英雄辈出。国家的希望在青年，民族的未来在青年；青年兴则国家兴，青年强则国家强。青年学生是国家的未来，青年学生是整个社会力量中最积极、最有生气的力量；历史的接力棒终将传到青年人手里。关注青年，就是关注未来；投资青年，就是投资未来。

1919年5月4日，爆发了震惊中外的五四运动。这是一场以先进青年知识分子为先锋、广大人民群众参加的彻底的反帝反封建的伟大爱国运动，是一场中国人民为拯救民族危亡、捍卫民族尊严、凝聚民族力量而掀起的伟大社会革命运动，是一场传播新思想新文化新知识的伟大思想启蒙运动。五四运动是中国近现代史上具有划时代意义的一个重大事件，标志着中国旧民主主义革命转向新民主主义革命。

经过五四运动的洗礼，越来越多中国先进分子集合在马克思主义旗帜下，1921 年中国共产党宣告正式成立，中国历史掀开了崭新一页。五四运动那一年，李大钊 30 岁，毛泽东 26 岁，邓中夏 25 岁，周恩来 21 岁，张太雷 21 岁，瞿秋白 20 岁。在中国共产党领导人民进行革命、建设、改革的伟大历史进程中更是青年英雄辈出。中共一大召开时毛泽东是 28 岁，周恩来加入中国共产党时是 23 岁，邓小平加入旅欧中国少年共产党时是 18 岁。

1939 年，毛泽东在延安庆贺模范青年大会上说："什么是模范青年？就是要有永久奋斗这一条。……奋斗到什么程度呢？要奋斗到五年，十年，四十年，五十年，甚至到六十年，七十年，总之一句话，要奋斗到死，没有死就还没有达到永久奋斗的目标。"[1]

2013 年 5 月 2 日，习近平总书记给北京大学考古文博学院 2009 级本科团支部全体同学回信说："中国梦是国家的梦、民族的梦，也是包括广大青年在内的每个中国人的梦。'得其大者可以兼其小。'只有把人生理想融入国家和民族的事业中，才能最终成就一番事业。希望你们珍惜韶华、奋发有为，勇做走在时代前面的奋进者、开拓者、奉献者，努力使自己成为祖国建设的有用之才、栋梁之材，为实现中国梦奉献智慧和力量。"[2]

---

〔1〕毛泽东：《永久奋斗》，《毛泽东文集》第二卷，人民出版社 1993 年版，第 190—191 页。
〔2〕《习近平给大学生回信：勇做走在时代前面的奋进者开拓者奉献者》，《人民日报》2013 年 5 月 5 日。

（三）顽强奋斗的中国智慧

1. 勇闯难关

顽强奋斗就是要勇闯难关。习近平总书记多次用愚公移山的寓言强调顽强奋斗精神的重要性，并强调改革需要"明知山有虎，偏向虎山行"的勇气。顽强奋斗是指直面问题、与困难作坚决斗争，是攻坚克难、战胜困难的精神状态，顽强奋斗体现了党作为"先锋队"的独特品质。习近平同志在《滴水穿石的启示》一文中指出："我推崇滴水穿石的景观，实在是推崇一种前赴后继，甘于为总体成功牺牲的完美人格；推崇一种胸有宏图、扎扎实实、持之以恒、至死不渝的精神。"[1]

新中国刚成立时，西方国家对我们在经济上封锁，政治上孤立，军事上威胁，外交上扼制。面对经济萧条、百废待兴的严峻形势，在中国共产党的领导下，全国人民顽强奋斗，科技工作者走在前列，勇攀科学高峰，创造了一个又一个中国奇迹。

比如，在医疗卫生方面，传染病、寄生虫疾病肆虐，医药科技人员敢于"啃硬骨头"，1956 年从广西桂林的土壤中分离出链霉菌，1965 年从江西鹰潭找到了放线菌，从而提炼出来之不易的两种抗生素。这两种抗生素被命名为"自力霉素""更生霉素"，两个加起来就是"自力更生"。

毕业于西南农学院的袁隆平从 20 世纪 60 年代开始，怀揣理想，顽强奋斗，勇闯难关，头顶烈日、脚踩烂泥，驼背弯腰在田野地头进行试验，终于成功培育了中国的杂交水稻。截至 2017 年，杂交水稻在我国

---

〔1〕习近平：《滴水穿石的启示》，《摆脱贫困》，福建人民出版社 1992 年版，第 59 页。

已累计推广 90 亿亩，突破了粮食生产的瓶颈，极大地提高了粮食产量。同时，他还向印度、越南以及非洲国家传授杂交水稻技术。袁隆平用一粒种子造福中国，也造福了世界。

2. 艰苦奋斗

艰苦奋斗是中国共产党在长期的革命、建设和改革过程中形成的优良传统和作风。毛泽东号召并倡导的艰苦奋斗精神对于激励全党、全国人民积极投身革命和建设事业，克服困难、不懈奋斗，发挥了巨大的作用。在改革开放和社会主义现代化建设的新时期，邓小平再次强调了大力弘扬艰苦奋斗精神的重要意义。

2018 年 2 月 14 日，习近平总书记在 2018 年春节团拜会上指出，奋斗是艰辛的，艰难困苦、玉汝于成，没有艰辛就不是真正的奋斗，我们要勇于在艰苦奋斗中净化灵魂、磨砺意志、坚定信念。坚持艰苦奋斗的政治本色，就是要求保持艰苦奋斗的工作作风，坚持从群众中来、到群众中去的群众路线，坚持始终如一为人民服务的奉献精神，追求高尚的奋斗目标和人类共同的价值取向。

3. 敢为天下先

改革就是打破旧的观念、旧的思维、旧的规则、旧的体制。不能破旧，就无法立新。改革开放需要有大无畏的革命精神，需要实干兴邦。

"千里之行，积于跬步；万里之船，成于罗盘。"实干兴邦是改革者鲜明的品德特质。实干兴邦不是蛮干，改革开放需要有勇有谋，有中国智慧。改革开放不是请客吃饭，不是做文章，不是绘画绣花；改革开放需要大胆突破、真抓实干、先行先试。面对藩篱，大胆突破；面对分歧，当断则断；面对质疑，冷静淡定；面对批评，从容应对。

从 1979 年到 1984 年，深圳蛇口工业区在袁庚率领下，先后进行多项改革，创造了 24 项改革开放"全国第一"。这些改革措施包括：定额超产奖励制度，工程招标制度，职工住宅商品化制度，全国招聘人才制度，全员合同制。"空谈误国，实干兴邦"是蛇口工业区改革开放提炼出的"精气神"。这个口号旗帜鲜明地倡导一种新的价值观和发展观——不争论，干实事，呼应了在蛇口竖起的写着"时间就是金钱，效率就是生命"的标语牌。这块蓝底白字的标语牌至今仍然矗立在深圳南山区蛇口海上世界附近的南海大道旁。

1984 年邓小平第一次去深圳就专程视察了蛇口工业区。邓小平返回广州后，应深圳领导的请求为深圳题词鼓励改革开放。邓小平这样写道："深圳的发展和经验证明，我们建立经济特区的政策是正确的。"

2012 年 11 月 29 日，习近平总书记在国家博物馆参观《复兴之路》展览时特别提到"空谈误国，实干兴邦"这一激励人心的口号。

第三章

唯变所适、与时偕行

　　文明永续发展，既需要薪火相传、代代守护，更需要顺时应势、推陈出新。世界文明历史揭示了一个规律：任何一种文明都要与时偕行，不断吸纳时代精华。我们应该用创新增添文明发展动力、激活文明进步的源头活水，不断创造出跨越时空、富有永恒魅力的文明成果。

　　——习近平在亚洲文明对话大会开幕式上的主旨演讲（2019年5月15日）

"唯变所适"出自《易·系辞下》:"易之为书也不可远,为道也屡迁,变动不居,周流六虚,上下无常,刚柔相易,不可为典要,唯变所适。"大意是指《易经》这部书不可不读,它是讲客观规律的,世界变化无常,只有随机应变,才能适应各种不同环境。"与时偕行"出自《易·损》:"损益盈虚,与时偕行。"大意是要顺势而为,做出正确的判断和选择。

中国古代哲学包含着丰富的辩证法思想。早在公元前11世纪,早期的阴阳学说用相互对立的阴阳二气的交互作用来说明天地万物的产生和变化,认为事物发展到极点就要发生变化。《易·系辞下》言:"穷则变,变则通,通则久。"《易经》中讲的"八卦",以及以两卦相叠演为六十四卦的学说,就是从正反两面的矛盾对立来解释世间万物的变化规律。《老子》《孙子兵法》等著作都记载了中国古代哲人的辩证法思想。《易经》是中国传统智慧集大成者,其辩证法思想比黑格尔辩证法早3000多年。

马克思在黑格尔辩证法基础上创立了唯物辩证法。唯物辩证法认为,物质世界是普遍联系和不断运动变化的统一整体。首先,世界是联系的;其次,世界是变化的。运动变化是这个世界的真相,变是不变的真理,世上的一切都在发生变化,都在时刻变化着。唯物辩证法认为,物质世界运动变化有其自身的规律，对立统一规律、质量互变规律、否定之否定规律是唯物辩证法三大规律。规律是客观存在的，是不以人的意志为转移的，但是规律是可以被认识、被掌握的。恩格斯说，辩证法是关于普遍联系的科学。列宁在《谈谈辩证法问题》一文中指出："任何个别经过千万次的过渡而与另一类的个别（事物、现象、过程）相联系。"[1]

　　唯变所适、与时偕行是中华文明永恒的精神气质，凝聚着辩证法的精髓。中国智慧认为，天地间万事万物都是"刚柔相易""上下无常"的。变化是物质世界的运行规律。如果不能与时偕行，任何繁荣与鼎盛终有"明日黄花蝶也愁"的那一天。"沉舟侧畔千帆过，病树前头万木春。"新生事物层出不穷是历史发展的必然。

一、传统文化中唯变所适的变通意识

　　"穷则变，变则通，通则久。"这句话反映了我国古代朴素唯物主义思想。"变"和"通"二字合起来，即为"变通"。"变通"一词的通俗解释，就是遇事不必死钻牛角尖，而应该懂得通融、屈伸。

　　唯变所适的变通意识上升到治国理政层面，就形成了中国的两大智慧：处理好义与利的关系、处理好新与旧的关系。

（一）处理好义与利的关系

　　既然"穷则变，变则通，通则久"的道理人人明白，为何历史上变法成功少、失败多？归根结底是因为没有处理好义与利的关系。

---

〔1〕列宁：《谈谈辩证法问题》，《列宁选集》第二卷，人民出版社2012年版，第558页。

"利益"在《辞海》中被解释为"好处"。《中国大百科全书·哲学》将利益定义为"人们通过社会关系变现出来的不同需求"。利益可以划分为政治利益与经济利益、个人利益与国家利益、既得利益与规划利益、近期利益与远期利益等不同类别。"天下熙熙，皆为利来；天下壤壤，皆为利往。"出自司马迁《史记》的第一百二十九章《货殖列传》，大意是说天下人为了利益蜂拥而至，为了利益各奔东西。

任何变法与改革都需要打破旧的利益格局，重新分配利益，如何处理义与利的关系是必须回答的问题。

公元前356年（一说公元前359年）和前350年，商鞅在秦国进行了两次大规模的变法，商鞅"为田开阡陌封疆，而赋税平"的变法，让广大民众获得了利益，为秦国崛起并成为战国时期的霸主奠定了基础。中国历代变法不少，大多数却不成功。这些变法几乎都是在国家财政出现危机后而被迫进行的变法，且变法未能协调好各种利益关系，变法只关注如何解决国家财政问题，甚少关心民众疾苦，这些变法主要是以增加中央收入为目的的财政变法。换句话说，这类变法大多是奔着捞钱去的，故而无法获得民众的支持。因此，凡是处理不好义与利关系的变法与改革，最终都以失败而告终；凡是能处理好义与利关系的变法与改革，最终都能够成功。

1. 各个击破

唯物主义者不仅不回避利益，而且重视公平、公正分配利益。马克思政治经济学认为，利益是一种关系，利益这种关系是物质关系、经济关系、社会关系的综合体现；历史上不同阶级通过政治纲领表现出来的政治利益和与此相联系的意识形态斗争，都是以经济利益，即物质利益为基础；物质利益的产生和实现并不取决于主观意识，而是受着与生产力发展水平相适应的生产关系的制约。

正是因为利益是一种关系，改革必然会触动某些团体、某些阶层、某些部门、某些地区的利益。

处理好义与利的关系，有这几点要求：第一，需要分化瓦解对手，而不是让对手团结起来；第二，不应该冀望"毕其功于一役"，如果一次性动了所有人的"奶酪"，那么，所有人就会成为变法与改革的阻力；第三，要让多数人受益，团结大多数人，在多数人受益情况下少数人也随之受益。

2. 分好蛋糕

"做大蛋糕"与"分好蛋糕"是老生常谈。处理两者的关系，就是处理生产与分配的关系。

经济发展与生产有关，也与分配有关。公平合理的分配可以推动生产；反之，不公平与不合理的分配能够阻碍生产。马克思主义经济学家提倡公平正义的经济发展，西方经济学家也持同样的观点。瑞典经济学家冈纳·缪尔达尔认为，不平等是对发展的限制，不发达国家的社会和经济分层是不平等而僵硬的，不平等与所有社会和经济问题相关联，因此迫切需要扭转这一趋势，创造更大的平等，作为加速发展的一个条件。

改革发展解放了生产力，促进了经济发展，创造了物质财富，"做大蛋糕"为"分好蛋糕"创造了条件，但是"做大蛋糕"并不自然等同于"分好蛋糕"。

那么，如何"分好蛋糕"？经济学中有一个分粥的故事。故事讲的是7个人住在一起，每天共食一锅粥，因人多粥少，大家争先恐后，秩序混乱。于是，他们想办法解决每天的吃饭问题——怎样公平合理地分食一锅粥？他们试验了不同的方法：第一种方法，指定一个人分粥，很快大家就发现，这个人为自己分的粥最多。第二种方法，推选出一个人来分粥，开始这个品德尚属上乘的人还能公平分粥。但没多久，他开始为自己和为溜须拍马的人多分。第三种方法，大家每天轮流分粥，虽然看起来平等了，但是几乎每周下来，他们只有一天是饱的，就是自己分粥的那一天。第四种方法，选举一个分粥委员会，形成制约和监督机制，公平基本上做到了，可是等到互相扯皮下来，粥吃到嘴里全是凉的，大家也很不满意。第五种方法，轮流分粥，而分粥的人要等到其他人都挑完后才能取剩下的最后一碗。令人惊奇的是，采用此办法后，7只碗里的粥每次都几乎一样多。

这个故事告诉我们一个道理："分好蛋糕"的关键是建立良好的制度，创造公平。

第一，"分好蛋糕"不能搞绝对平均。公平体现在起点、过程与结果三个环节。经济学主张的公平是起点公平、过程公平。至于结果，可以用差额税收、财政转移等方式消除过大的收入差距。但是，绝不能以追求结果的绝对平均为目标，否则就会堕入乌托邦泥潭。平均主义不是社会主义，平均主义必然导致低效率，低效率必然导致贫穷，贫穷不是社会主义。

第二，"分好蛋糕"不能搞"齐头并进"，需要让一部分人先富起来，一部分地区先富起来，在此基础上推动实现共同富裕。从现代财政学视角观察，一部分人先富起来之后，才有能力缴纳更多税收，创造更多商机，政府也才有稳定而充足的财政盈余，从而通过财政转移，助力相对落后地区的发展，实现共同富裕。

（二）处理好新与旧的关系

变法与改革是一场以渐进方式推动的观念革命、思想革命，又是一场以和平方式推动的机制革命、体制革命。一方面，需要摆脱"惯性"，大胆突破；另一方面，又需要处理好新与旧的关系。

如何处理新与旧的关系？马克思用一个形象的比喻评论费尔巴哈批判黑格尔的方式，他说费尔巴哈像一个糊涂的老太婆，在给婴孩洗了澡后，把婴孩和脏水一块泼到门外去了。同样的道理，改革需要把脏水泼到门外去，但是不能够把婴孩和脏水一块泼到门外去。旧的东西不都是错误的。

1.遵循质量互变规律

质量互变规律是唯物辩证法三大规律之一。没有量变就没有质变，质变是建立在量变基础之上的。处理好新与旧的关系，实质是要求处理好传承与创新的关系，处理好量变与质变的关系。

如果说革命是一个阶级推翻另一个阶级的暴力行动，是合乎历史前进方向、具有远大前途的新生事物取代旧事物，那么变法与改革就是用非暴力行动，推动合乎历史前进方向、具有远大前途的新生事物取代旧事物。两者的方式不同，但是，两者的目标相同。

遵循质量互变规律进行变法与改革，有如下两方面要求：一是化整为零，分解为不同的阶段，确定不同阶段的阶段性目标；二是对于现有体制需要逐步改革，对于现有问题需要逐步解决。

2. 以史为鉴

历史上，抛弃一切传统的变法与改革往往以失败而告终。以北宋王安石变法为例，变法旨在改变北宋积贫积弱局面，推行青苗法、免役法、方田均税法等有利于农业生产的变法措施。但是变法未能处理好新旧矛盾，王安石和司马光在变法之前为朋友，变法之后却成了政敌。又以戊戌变法为例，也是没有处理好新旧关系，变法一开始就大量裁减冗官，仅京师一地，因变法而失去职务者近万人，光绪皇帝不满自己的老师、军机重臣翁同龢而将其开缺回籍，这些都操之过急，犯了冒进错误。

以史为鉴的变法与改革有两点要求：一是团结一切可以团结的力量，尽量减少变法与改革的阻力；二是吸收现有制度中合理的成分，处理好变法改革与稳定的关系。

二、改革开放中敢为人先的伟大革命

（一）改革开放中思想解放的中国智慧

思想是行动的先导，没有思想上的解放，就没有行动上的作为。时代发展需要思想与时俱进。旧思想、旧观念有惯性之力、依赖之弊，一旦被它们束缚手脚，就无法摆脱困境，开创新局。

任何一场伟大的改革突破，都需要理论创新；任何理论创新，都植根在思想解放的土壤中。必须解放思想，打破旧观念、旧思想，以及主观偏见的束缚，在思想上克服"习惯思维""主观偏见"，研究新情况，解决新问题。

1. "真理标准问题大讨论"

"真理标准问题大讨论"是中国近现代史上继五四运动、延安整风运动之后又一次伟大的思想解放运动。开展"真理标准问题大讨论"，拉开了改革开放的历史序幕。

粉碎"四人帮"后，受"两个凡是"的束缚，各项工作徘徊不前，党面临着思想、政治、组织等各个领域全面拨乱反正的历史任务。1978年5月10日，由时任中央党校副校长胡耀邦审定、南京大学胡福明撰写的文章《实践是检验真理的唯一标准》在中央党校内部刊物《理论动态》第60期全文发表。5月11日，该文以"本报特约评论员"名义在《光明日报》头版发表。

该文章一经发表，掀起了一场全国范围内围绕真理标准问题的全党全民讨论。"真理标准问题大讨论"宣传了马克思主义，宣传了党的实事求是优良作风，推动了思想解放。

这场大讨论为党的十一届三中全会胜利召开，为把党和国家的工作重心转移到经济建设上来，为开辟中国特色社会主义道路提供了思想牵引，成了改革开放的思想先导。1978年12月党的十一届三中全会召开，12月13日，邓小平在会上发表了《解放思想，实事求是，团结一致向前看》的重要讲话，高度评价了"真理标准问题大讨论"，把解放思想提到了特别重要的地位。

2. 生活方式变化

改革开放推动了中国人生活方式的变化，即从单一、封闭逐步向多样化、个性化转变。

1978 年 1 月 1 日，中央电视台《新闻联播》正式开播，电视逐步走进中国人的家庭。1979 年 1 月 28 日，上海电视台播出了中国电视史上第一条商业电视广告——参桂补酒。1979 年 3 月 15 日上海电视台播出了中国第一条外商电视广告——瑞士雷达表。1983 年 2 月 12 日，中央电视台播放了首届春节联欢晚会，看春晚与吃团圆饭成了中国人在除夕新的生活方式；男性由只穿灰色和蓝色的中山装、草绿色军便装、的确良白衬衫，到逐渐开始穿西装、夹克、T恤；"不爱红装爱武装"的女性，也开始喜欢上了喇叭裤、迷你裙；邓丽君的歌曲开始在大江南北流行；可口可乐进入了市场；琼瑶的小说来了，三毛的散文来了，金庸的武侠小说来了，港台歌曲、影视来了……面对崭新的世界，开放的中国在做深呼吸。

3. 邓小平南方谈话

如果说新闻界推动改革开放的第一件标志性事件是《光明日报》发表《实践是检验真理的唯一标准》一文，那么《深圳特区报》发表《东方风来满眼春》就是第二件标志性事件。

1992 年邓小平视察南方并发表谈话是一件对中国乃至世界都意义深远的大事件。长篇通讯《东方风来满眼春》由时任《深圳特区报》副总编辑的陈锡添撰写，文章刊登在 1992 年 3 月 26 日《深圳特区报》头版头条位置。文章一经刊发，即刻引来巨大反响。第二天《羊城晚报》全文刊发了这篇通讯，随后，《文汇报》《光明日报》《北京日报》等主流报纸相继转发了这篇通讯。新华社在 3 月 30 日全文转发了这篇文章。

随后，由时任《深圳特区报》社长的吴松营牵头组织写作班子，围绕邓小平视察深圳期间的重要谈话中的观点，连续发表数篇社论，改革开放继续推进。自此，"敢为天下先""先走一步""敢闯敢试"等新提法、新观念迅速流行起来。

（二）改革开放中理论创新的中国智慧

"苟日新，日日新，又日新。"中华民族自古就有创新精神，思想解放运动推动了理论创新。理论创新主要集中在社会主义发展阶段理论、所有制理论、经济运行体制理论这三个方面。

1. 社会主义初级阶段理论

党的十一届三中全会拉开了改革开放的序幕。确定当时社会主义发展的程度，对于推动改革开放至关重要。1981 年党的十一届六中全会通过的《关于建国以来党的若干历史问题的决议》，首次把社会主义划分为不同的发展阶段，确定了初级阶段长期存在，指出我国的社会主义制度还处于初级阶段。社会主义初级阶段理论为在初级阶段推行与经典社会主义理论不同的所有制、经济运行制度、分配制度提供了理论基础，极大地促进了思想解放，推动了改革开放。

党的十三大召开前夕，邓小平强调指出，党的十三大要阐述中国社会主义是处在一个什么阶段，就是处在初级阶段，是初级阶段的社会主义。社会主义本身是共产主义的初级阶段，而我们中国又处在社会主义的初级阶段，就是不发达的阶段。一切都要从这个实际出发，根据这个实际来制订规划。党的十三大的突出贡献就是系统阐述了社会主义初级阶段理论和党在社会主义初级阶段的基本路线。

2. 公有制为主体、多种所有制经济共同发展

无论是社会制度的变迁，还是经济体制的转轨，所有制的变革都处于中心地位。马克思主义基本原理认为，作为人类社会财产权能体系集中表现的所有制，是生产关系的决定性环节，也是一定的经济体制的决定性环节。

众所周知，改革开放之前，与社会主义计划经济体制配套的是社会主义公有制。改革开放就是从所有制改革突破开始的。所有制改革不是一蹴而就，而是由浅入深逐级展开的。这种循序渐进的改革思路保证了改革的平稳，体现了中国智慧。

1984 年，《中共中央关于经济体制改革的决定》第一次系统阐述了党在现阶段对发展个体经济的基本指导方针，指出"坚持多种经济形式和经营方式的共同发展，是我们长期的方针，是社会主义前进的需要"。

党的十四大明确提出建立社会主义市场经济体制的改革目标，之后对于混合所有制经济的内涵、非公有制经济的地位，以及公有制与市场经济相结合的有效形式等方面的认识不断深化。

1999 年 3 月，第九届全国人大二次会议通过的《中华人民共和国宪法修正案》明确规定："在法律规定范围内的个体经济、私营经济等非公有制经济，是社会主义市场经济的重要组成部分。"这是国家根本大法对非公有制经济 20 年来生存发展及贡献的充分肯定。

党的十五大明确提出，公有制为主体、多种所有制经济共同发展是我国社会主义初级阶段的一项基本经济制度。党的十六大进一步丰富了

基本经济制度的内涵，提出"两个毫不动摇"的原则，即毫不动摇地巩固和发展公有制经济，毫不动摇地鼓励、支持、引导非公有制经济发展。

党的十八大以来，中国共产党围绕坚持"两个毫不动摇"，在理论和实践上实现了一系列重要创新，把对基本经济制度的认识提到了新的高度。

3.社会主义市场经济体制理论

新中国成立初期，我国按照苏联模式建立起了高度集中的计划经济体制。计划经济体制在特定的历史时期发挥了重要的作用。计划经济体制有助于在短期内解决历史遗留下来的经济恶性波动，顺利地度过经济困难时期；有助于把有限的资源集中到重点建设上，奠定了国民经济良性循环的物质基础。但是，"统得过死"的计划经济也暴露出各种弊病，必须作出改变。

改，并不容易。首先，经典社会主义理论不认为社会主义能搞市场经济。其次，长期以来人们在思想观念上有一种错觉，认为搞计划经济就是搞社会主义，把指令性计划等同于计划经济，把计划经济等同于社会主义，把商品经济等同于市场经济，把市场经济等同于资本主义。如何破解这道难题？在这方面的中国智慧体现在以下三个步骤上。

（1）1978—1984年：计划经济体制内部引入市场机制改革

1981年党的十一届六中全会通过的《关于建国以来党的若干历史问题的决议》中提出"必须在公有制基础上实行计划经济，同时发挥市场调节的辅助作用"的理论，尽管这一理论仍然坚持计划经济的总体框架不变，但是必须按照尊重和利用价值规律的要求来进行经济活动已开始成为人们的共识。

1982 年党的十二大提出了"计划经济为主、市场调节为辅"的原则，不仅肯定了市场调节作为计划调节的补充是必需的和有益的，而且把计划调节区分为指令性计划和指导性计划。虽然在理论上没有树立商品经济的地位，但是这个提法突破了完全排斥市场调节的计划经济的传统观念。

（2）1985—1991 年：发展有计划的商品经济

1984 年 10 月 20 日，党的十二届三中全会通过的《中共中央关于经济体制改革的决定》提出了有计划的商品经济，突破了把计划经济同商品经济对立起来的传统观念；提出计划经济是公有制基础上的有计划的商品经济，必须自觉运用价值规律；商品经济的充分发展是社会经济发展的不可逾越的阶段。这种过渡性安排也被称为"鸟笼经济"，即企业这只"鸟"还不能在市场的天空中自由飞翔，而是被关在"鸟笼"中，只可以在计划经济这个"鸟笼"范围内自由飞翔。

1987 年，党的十三大正式提出"社会主义有计划商品经济的体制，应该是计划与市场内在统一的体制"的观点。

（3）1992 年至今：推动建立与完善社会主义市场经济体制

1992 年邓小平南方谈话提出要建立社会主义市场经济体制。

1992 年党的十四大报告正式提出："我国经济体制改革的目标是建立社会主义市场经济体制。"在中国共产党的历史上是一次真正的重大理论突破，也是国际共产主义运动史上的重大理论突破。

1993 年党的十四届三中全会通过的《中共中央关于建立社会主义市场经济体制若干问题的决定》，进一步提出了中国社会主义市场经济体制的基本框架，并指出社会主义市场经济体制是同社会主义基本制度结合在一起的。

党的十八届三中全会提出"使市场在资源配置中起决定性作用和更好发挥政府作用",进一步深化了对社会主义市场经济规律的认识,明确了加快完善社会主义市场经济体制的重点任务。

习近平总书记在党的十九大报告中指出:"加快完善社会主义市场经济体制。经济体制改革必须以完善产权制度和要素市场化配置为重点,实现产权有效激励、要素自由流动、价格反应灵活、竞争公平有序、企业优胜劣汰。"

(三)改革开放中体制改革的中国智慧

1. 突破"一大二公"

"一大二公",是指人民公社第一规模大,第二公有化程度高。1981年6月,党的十一届六中全会通过的《关于建国以来党的若干历史问题的决议》指出:"由于对社会主义建设经验不足,对经济发展规律和中国经济基本情况认识不足……没有经过认真的调查研究和试点,就在总路线提出后轻率地发动了'大跃进'运动和农村人民公社化运动,使得以高指标、瞎指挥、浮夸风和'共产风'为主要标志的左倾错误严重地泛滥开来。"

(1)"自下而上"突破"一大二公"

1978年,安徽凤阳小岗村18位农民以"托孤"的方式,立下生死状,在土地承包责任书上按下了红手印,实行农业"大包干"拉开了我国农村改革的序幕。

（2）"自上而下"肯定这种突破

1980年5月31日，邓小平在一次重要谈话中公开肯定了小岗村"大包干"的做法，提出农村改革势必先行。1982年1月1日，中国共产党历史上第一个关于农村工作的一号文件正式出台，明确指出"包产到户""包干到户"都是社会主义集体经济的生产责任制。

实行家庭联产承包责任制作为农村经济体制改革第一步，突破了"一大二公""大锅饭"的旧体制，将个人付出与收入挂钩，极大地调动了农民生产的积极性，解放了农村生产力。从此以后，广大农村迅速摆脱贫困落后，逐步走上富裕的道路。到1984年底，全国569万个生产队99%以上实行了"包产到户""包干到户"，连续几年农业特别是粮食增产幅度很大，1984年粮食总产量达到4073亿公斤，人均400公斤，接近世界人均水平，比1978年的3047.5亿公斤增产33.7%；油料达到1191万吨，为1978年521万吨的2倍多；棉花达到624万吨，为1978年216万吨的近3倍。

2. 突破计划经济

突破计划经济，从所有制突破入手。1980年12月11日，章华妹从温州市工商局领到了一份特殊的营业执照，这是改革开放后中国第一份个体工商营业执照。"个体户"这一源于人民的探索创举，对整个中国改革开放事业意义重大。从个体小本买卖到联户经营、股份合作、私营企业、集团公司、股份制公司、上市公司……一个又一个伟大的企业、一位又一位伟大的企业家将中国从一个农业大国推上了制造业大国，成为"世界工厂"。截至2018年，中国制造业市场结构中民营企业占比

60.2%，外商投资企业占比 11%，两者合计占比 70% 以上。

突破计划经济，就要从另一个角度建立一个新的经济运行体制与机制，那就是中国特色社会主义市场经济体系。

中国特色社会主义市场经济体系由一系列重大决策部署构成。1984 年，《中共中央关于经济体制改革的决定》提出实行"公有制基础上的有计划的商品经济"，突破了社会主义与市场经济不能兼容的僵化认识，吹响了我国社会主义市场经济体制改革的号角。1992 年邓小平视察南方并发表重要谈话，以"是否有利于发展社会主义社会的生产力，是否有利于增强社会主义国家的综合国力，是否有利于提高人民的生活水平"作为判断姓"社"姓"资"等重大是非的根本标准，进一步冲破了思想羁绊，为党的十四大确立社会主义市场经济体制提供了重要理论准备。2013 年党的十八届三中全会提出，"使市场在资源配置中起决定性作用和更好发挥政府作用"，进一步破除了阻碍发展的思想束缚，大大地推进了改革开放的进程。2018 年 12 月 18 日，习近平总书记在庆祝改革开放 40 周年大会上指出："前进道路上，我们必须毫不动摇巩固和发展公有制经济，毫不动摇鼓励、支持、引导非公有制经济发展，充分发挥市场在资源配置中的决定性作用，更好发挥政府作用，激发各类市场主体活力。"[1]

3. 持续推动国有企业改革

国企改革涉及面广、难度大，因此，是放在农村改革之后再实施的。

---

[1] 习近平：《在庆祝改革开放 40 周年大会上的讲话》，《人民日报》2018 年 12 月 19 日。

1986年12月5日，国务院出台《关于深化企业改革增强企业活力的若干规定》，提出全民所有制小型企业可积极试行租赁、承包经营，全民所有制大中型企业要实行多种形式的经营责任制，各地可以选择少数有条件的全民所有制大中型企业，进行股份制试点，拉开了以国企改革为重点的城市经济体制改革的序幕。到1987年底，全国国有大中型企业普遍实行了承包制。

随后，国企改革从承包制转向建立现代企业制度。1993年11月，党的十四届三中全会通过了《中共中央关于建立社会主义市场经济体制若干问题的决定》，提出国有企业的改革方向是"建立适应市场经济要求，产权清晰、权责明确、政企分开、管理科学的现代企业制度"，使企业成为自主经营、自负盈亏、自我发展、自我约束的法人实体和市场竞争主体。

1999年，党的十五届四中全会提出，国有大中型企业尤其是优势企业，要通过股份制改革，发展混合所有制经济，重要的企业由国家控股，并逐步上市。

三、改革创新永不止步的历史进程

改革永不止步，创新永无止境。中国改革开放已经走过千山万水，仍需跋山涉水。新中国成立70年向世界贡献的改革创新智慧体现为：一是发展思路：在改革开放初期，确定"摸着石头过河"，在中国经济进入新常态阶段，确定"加强顶层设计"；二是发展理念：随着改革开放的推进，逐步形成了"三个自信"，党的十八大以来在"三个自信"

的基础上增加了文化自信，形成了"四个自信"；三是发展方略：在改革开放初期，提出了"三步走"战略，党的十八大以来确定了"两个一百年"奋斗目标。

（一）从"摸着石头过河"到"加强顶层设计"的中国智慧

从"摸着石头过河"到"加强顶层设计"的转变，体现了在发展思路上的中国智慧；第一，根据不同的发展阶段，确定不同的发展思路；第二，随着经济发展，形势发生变化，发展思路也要随时进行调整；第三，发展思路是相对性与绝对性的统一，亦即发展思路在某一段时期保持稳定是相对的，调整变化是绝对的。

1."摸着石头过河"的发展思路

改革开放初期，有一句话十分流行——"摸着石头过河"，这句话形象地表达了辩证唯物主义工作方法。这句话有三层含义：一是不要不敢过河，要敢于过河，寓意改革开放要敢闯敢干；二是不要盲目过河，要摸着石头过河，寓意改革开放不能闭门造车，要在实践中寻找发展道路；三是如果摸不到石头，水太深，无法涉水渡河，就要重新寻找方向，寓意改革开放要敢于纠错，善于调整。

改革开放以来，设立经济特区，实行农村家庭联产承包责任制，"双轨制"价格改革、国企改革、财税改革、外贸改革、医疗改革、教育改革、社保改革，无不体现着"摸着石头过河"的发展思路。

2."加强顶层设计"的发展思路

如果说改革开放初期"摸着石头过河"是自下而上的发展思路，那么在中国经济进入新常态、改革开放进入深水区阶段，"加强顶层设计"就是自上而下的运筹帷幄。

党的十八大之后，确定了"加强顶层设计"的发展思路。习近平总书记指出："全面深化改革需要加强顶层设计和整体谋划，加强各项改革的关联性、系统性、可行性研究。我们讲胆子要大、步子要稳，其中步子要稳就是要统筹考虑、全面论证、科学决策。经济、政治、文化、社会、生态文明各领域改革和党的建设改革紧密联系、相互交融，任何一个领域的改革都会牵动其他领域，同时也需要其他领域改革密切配合。如果各领域改革不配套，各方面改革措施相互牵扯，全面深化改革就很难推进下去，即使勉强推进，效果也会大打折扣。"[1]

（二）从"三个自信"到"四个自信"的中国智慧

从"三个自信"到"四个自信"的转变，体现了中国智慧在发展理念上的与时俱进。一方面，"四个自信"具有统一性，发展必须坚持道路自信、理论自信、制度自信、文化自信的统一；另一方面，"四个自信"具有关联性，理论自信引导制度建设，制度建设确定道路发展，道路发展的成果反过来巩固理论自信，文化自信体现了从自发自信到自觉自信的升华，又反过来进一步夯实其他"三个自信"。

1. "三个自信"源于对中国特色社会主义的坚定信念

2012年11月，胡锦涛在党的十八大报告中首次提出了"三个自信"："只要我们胸怀理想、坚定信念，不动摇、不懈怠、不折腾，顽强

〔1〕习近平：《关于〈中共中央关于全面深化改革若干重大问题的决定〉的说明》，《人民日报》2013年11月16日。

奋斗、艰苦奋斗、不懈奋斗，就一定能在中国共产党成立一百年时全面建成小康社会，就一定能在新中国成立一百年时建成富强民主文明和谐的社会主义现代化国家。全党要坚定这样的道路自信、理论自信、制度自信！"

2. 在坚持"三个自信"的基础上增加文化自信

2014 年 2 月 24 日，习近平总书记在主持中共中央政治局就培育和弘扬社会主义核心价值观、弘扬中华传统美德进行第十三次集体学习时强调："要讲清楚中华优秀传统文化的历史渊源、发展脉络、基本走向，讲清楚中华文化的独特创造、价值理念、鲜明特色，增强文化自信和价值观自信。"[1] 2014 年 3 月 7 日在参加十二届全国人大二次会议贵州代表团审议时，习近平总书记再次强调："我们要坚持道路自信、理论自信、制度自信，最根本的还有一个文化自信。"这些讲话标志着"文化自信"概念的形成。

2016 年 7 月 1 日，习近平总书记在庆祝中国共产党成立 95 周年大会上指出："全党要坚定道路自信、理论自信、制度自信、文化自信。当今世界，要说哪个政党、哪个国家、哪个民族能够自信的话，那中国共产党、中华人民共和国、中华民族是最有理由自信的。"[2] 将原有的"三个自信"扩展为包括文化自信在内的"四个自信"。

2018 年 5 月 4 日，习近平总书记从理论的高度阐述了文化自信的意义。他说："理论自觉、文化自信，是一个民族进步的力量；价值先进、

---

〔1〕习近平：《把培育和弘扬社会主义核心价值观作为凝魂聚气强基固本的基础工程》，《人民日报》2014 年 2 月 26 日。
〔2〕习近平：《在庆祝中国共产党成立 95 周年大会上的讲话》，《人民日报》2016 年 7 月 2 日。

思想解放，是一个社会活力的来源。国家之魂，文以化之，文以铸之。我们要立足中国，面向现代化、面向世界、面向未来，巩固马克思主义在意识形态领域的指导地位，发展社会主义先进文化，加强社会主义精神文明建设，把社会主义核心价值观融入社会发展各方面，推动中华优秀传统文化创造性转化、创新性发展，不断提高人民思想觉悟、道德水平、文明素养，不断铸就中华文化新辉煌。"[1]

（三）从"三步走"到"两个一百年"的中国智慧

从"三步走"到"两个一百年"的转变，体现了中国智慧在发展方略上的与时俱进。第一，不同阶段的发展方略具有接续性，前后发展方略要相互衔接；第二，不同阶段的发展方略具有特殊性，前后发展方略要根据不同时期的形势与任务，确定发展方略的重点与具体的发展策略；第三，具有中国智慧的发展方略一定要让人们看到目标，看到希望；第四，发展方略分为远期目标与近期目标、最高纲领与最低纲领，就是为了让群众能够看得见、摸得着奋斗目标，为了更好地鼓励人、激励人、团结人。

1. 改革开放初期，将建设社会主义现代化强国的战略目标划分为"三步走"

"三步走"是邓小平在 1987 年 4 月提出基本实现现代化的战略部署。

1987 年 10 月，党的十三大把邓小平"三步走"的发展战略构想确定下来。第一步，从 1981 年到 1990 年，实现国民生产总值比 1980 年翻一番，解决人民的温饱问题；第二步，从 1991 年到 20 世纪末，使国民生产

---

〔1〕习近平：《在纪念马克思诞辰 200 周年大会上的讲话》，《人民日报》2018 年 5 月 5 日。

总值再翻一番，人民生活达到小康水平；第三步，到 21 世纪中叶，人均国民生产总值达到中等发达国家水平，人民生活比较富裕，基本实现现代化。目前，解决人民温饱问题、人民生活总体上达到小康水平这两个目标已提前实现。在这个基础上，我们党提出，到建党 100 年时建成经济更加发展、民主更加健全、科教更加进步、文化更加繁荣、社会更加和谐、人民生活更加殷实的小康社会，然后再奋斗 30 年，到新中国成立 100 年时，基本实现现代化，把我国建成社会主义现代化国家。

2. "两个一百年" 奋斗目标的提出

党的十五大首次提出"两个一百年"奋斗目标。党的十六大、党的十七大作了进一步的强调。2012 年，党的十八大发出了向实现"两个一百年"奋斗目标进军的时代号召。党的十九大制定了全面建成社会主义现代化强国的时间表、路线图。

"两个一百年"奋斗目标指的是，到 2020 年中国共产党成立 100 年时实现第一个百年奋斗目标——全面建成小康社会；到 21 世纪中叶中华人民共和国成立 100 年时实现第二个百年奋斗目标——建成富强民主文明和谐的社会主义现代化国家。

而综合分析国际国内形势和我国发展条件，从 2020 年到 21 世纪中叶可以分两个阶段来安排：第一个阶段，从 2020 年到 2035 年，在全面建成小康社会的基础上，再奋斗 15 年，基本实现社会主义现代化；第二个阶段，从 2035 年到 21 世纪中叶，在基本实现现代化的基础上，再奋斗 15 年，把我国建成富强民主文明和谐美丽的社会主义现代化强国。

第四章

不偏不倚的中庸之道

以和为贵，与人为善，己所不欲、勿施于人等理念在中国代代相传，深深植根于中国人的精神中，深深体现在中国人的行为上。

——习近平在中国国际友好大会暨中国人民对外友好协会成立60周年纪念活动上的讲话（2014年5月15日）

中庸之道不仅指为人处世之道，而且蕴含着深邃的治国理政智慧，本质上是否定之否定规律的中国表达。否定之否定规律是辩证法的三大规律之一，它由黑格尔在《逻辑学》中首先阐述，恩格斯则把它从《逻辑学》中提炼出来，与唯物论相结合，从而形成了唯物辩证法。否定之否定规律揭示了事物发展是曲折性与前进性的统一。肯定（正）、否定（反）、否定之否定（合）的过程，是事物发展的基本规律，与不偏不倚的中庸之道不谋而合。

被誉为"法兰西思想之王""法兰西最优秀的诗人""欧洲的良心"的伏尔泰，对中华文化与哲学赞赏有加。在伏尔泰眼中，中国有开明的政治、完善的治理体制、良好的道德。伏尔泰对中国的解读寄托了他对建立理性社会与国家而推动资本主义发展的理想。欧洲启蒙运动时期的思想家们把政治体制划分为共和、君主、专制三种类型。当时法国社会等级森严、教会禁锢思想、实行封建君主专制，没有平等，没有自由，没有法制。对于法国应该如何发展，伏尔泰认为最理想的是由开明的君主按哲学家的意见来治理国家，反对君主专制，宣扬自由平等，主张宗教宽容。从某种意义上讲，伏尔泰的观点是对中华文化与哲学的推崇，也是对不偏不倚的中庸之道的中国智慧的推崇。

一、传统文化中过犹不及的理性自觉

哲学与治国理政层面的"中庸"不是贬义词，"中庸"不是"平庸"，中庸之道不是平庸之道，那种把中庸之道等同于"和稀泥""踢皮球""打太极"的看法，是对中庸之道的误解。

作为中国智慧最重要的内容之一，中庸之道是辩证之道，它秉承矛盾论精髓，传递着多重信息。不偏不倚的中庸之道上升到治国理政层面，形成了两大核心的中国智慧：治国理政应当顺应民意，治国理政应当追求和谐。

中庸之道受到儒释道的推崇。孔子在《论语·雍也》中说："中庸之为德也，其至矣乎！民鲜久矣。"是说人的道德如果能达到中庸，就是最高的道德，民众一直在努力追求。《中庸》有言："天下国家可均也，爵禄可辞也，白刃可蹈也，中庸不可能也。"是说天下国家可治理，官爵俸禄可放弃，雪白刀刃可丢弃，中庸却不易做到。《孟子·离娄上》讲："诚者，天之道也；思诚者，人之道也。"是说作为道德修养境界的"诚"是天赋予人的，努力追求"诚"是人生目标，要实现这一目标，就须做到"博学之，审问之，慎思之，明辨之，笃行之"。

（一）主张"天人合一"

这里的"天"可以理解为自然界，以及物质世界的运行规律。"天人合一"可以理解为人的认识要与物质世界的运行规律一致、合拍、同步。

1. "天人合一"可以到达至善

《中庸》始于"天命之谓性，率性之谓道，修道之谓教"，而终于"上天之载，无声无臭"。这就是圣人所要达到的最高境界。

"天人合一"就是合一于至诚、至善，达到"致中和，天地位焉，万物育焉""唯天下至诚，为能尽其性；能尽其性，则能尽人之性；能尽人之性，则能尽物之性；能尽物之性，则可以赞天地之化育；可以赞天地之化育，则可以与天地参矣"的境界。"与天地参"就是天人合一的境界。

2. "天人合一"是朴素辩证法的形象比喻

物质世界的发展需要遵循否定之否定规律，天人合一之道要求要认识到自然界否定之否定规律的特点，认识世界、解释世界，以及改造世界，需要顺应世界发展变化的规律。从自发认识上升到自觉认识，也即从感性认识上升到理性认识，这样的"顺应"就是要求达到天人合一的境界。天人合一的境界的特点就是不偏不倚的中庸之道。

（二）主张和谐之道

中庸之道提倡不偏不倚，反对极端。从认识论的角度来说，要求遵循全面、客观、公正的原则。

文王被拘而著《周易》，仲尼困厄而著《春秋》，屈原被放逐而赋《离骚》，左丘失明而著《国语》，孙膑遭膑刑而修兵法，吕不韦被贬而著《吕氏春秋》，韩非被囚而著《说难》《孤愤》，司马迁忍受刑辱而著《史记》。这些历史典故都体现了"祸兮，福之所倚；福兮，祸之所伏"的唯物辩证主义思想。

但是，福与祸的转换需要一定的条件。这个条件就是"不偏不倚"。在顺境中要谦虚谨慎，戒骄戒躁；在逆境中要百折不挠，勤奋刻苦。狂妄自大易滋生灾祸，由福转祸；反之亦然。

《老子》有言："多言数穷，不如守中。"意思是说不偏不倚的核心就是把握好"度"。"子贡问：'师与商也孰贤？'子言：'师也过，商也不及。'曰：'然则师愈与？'子曰：'过犹不及。'"（《论语·先进》）俗话讲"过犹不及，事缓则圆"，如果不把握好"度"，好事会变成坏事，喜剧会变成悲剧。

历史上的智者无不懂得"适可而止""见好就收"的道理。范蠡的善终、文种的悲剧，从正反两个方面诠释了把握好"度"的重要性。范蠡、文种同为越国大夫，辅佐越王勾践励精图治，最终打败吴王夫差，越王因而成为春秋霸主。但是，在庆功宴上，范蠡发现群臣皆欢，越王面露阴郁，他当即辞官，三迁定陶终成一代财神。范蠡劝文种："蜚鸟尽，良弓藏；狡兔死，走狗烹。越王为人长颈鸟喙，可与共患难，不可与共乐。子何不去？"（《史记·越王勾践世家》）然而，文种自以为功高盖世，不听劝告继续为相，终被越王赐剑，自刎而亡。

二、中国模式中循序渐进的发展策略

新中国成立 70 年向世界贡献的中国智慧源自历史，也源自现实。我国循序渐进的发展策略传递着中庸智慧："骐骥一跃，不能十步；驽马十驾，功在不舍。"把大的目标分解为无数小的目标，把发展阶段分解为多个小的阶段；采用循序渐进的改革方案，先解决主要问题与主要矛盾，再解决次要问题与次要矛盾；允许改革措施试错，允许改革措施纠错，不断总结经验，调整政策，循序渐进探索一条符合国情的发展道路与发展模式；坚持马克思主义中国化，坚持中国特色社会主义。

第一，中国模式中循序渐进的发展策略是遵循质量互变规律的中国表达。

循序渐进符合事物发展的规律，循序渐进的发展策略是质量互变规律的中国式表达。质量互变规律是唯物辩证法的三大规律之一，它揭示了事物发展是质变和量变的统一、连续性和阶段性的统一。量变是质变的必要准备，质变是量变的必然结果；质变不仅可以完成量变，而且为新的量变开辟道路；总的量变中有部分质变，质变中有量变的特征。

"只承认质变，否认量变"的激变论和"只承认量变，否认质变"的庸俗进化论，都是割裂质量互变辩证关系的两种形而上学。

人类历史的发展轨迹从来不是直线，改革开放以来中国经济的发展也不是直线。正如毛泽东所言，任何新生事物的成长都是要经过艰难曲折的。在建设社会主义事业中，不经过艰难曲折，不付出极大努力，总是能一帆风顺，很容易得到成功的想法，只是幻想。

中国经济的"蛇形路线"有三层含义，第一层含义是经济只有在发展中才能保持平衡，第二层含义是经济发展到一定阶段必然会出现拐点，第三层含义是经济一旦进入拐点必然要求全面改革。

第二，中国模式中循序渐进的发展策略拒绝"休克疗法"。

"休克疗法"由美国经济学家杰弗里·萨克斯引入经济领域。他在担任玻利维亚政府经济顾问期间，提出了一整套经济纲领和经济政策。主要内容是经济自由化、经济私有化、经济稳定化，实行紧缩的金融和财政政策。主要手段是采用在短时间内用一套新的经济运行模式取代旧的经济运行模式。如同手术注射麻醉剂，在休克之后经过手术治疗，变成一个健康的人。人可以采用"休克疗法"，但是将"休克疗法"用于经济改革，则忽略了经济体系的复杂性，迄今没有成功的案例。

在从计划经济向市场经济转型的过程中，俄罗斯采用了"休克疗法"。1992 年初，一场以"休克疗法"为模式的改革，在俄罗斯全面铺开。"休克疗法"分三步走：第一步是放开物价，从 1992 年 1 月 2 日起，俄罗斯放开 90% 的消费品价格和 80% 的生产资料价格；第二步是同时推出财政、货币"双紧"政策与物价改革；第三步是大规模推行私有化。三步棋走完，俄罗斯国内生产总值几乎减少了一半，国内生产总值只有美国的 1/10。由于改革的失败，时任俄罗斯副总理盖达尔不得不于 1994 年 1 月 16 日被迫辞职。叶利钦也被迫在 1994 年 2 月的国情咨文中宣布放弃"休克疗法"的改革，并在 1996 年大选时承认过去在改革中试图抄袭西方经济改革的做法是错误的。

中国则采用了循序渐进的发展模式。循序渐进的发展模式蕴含的中国智慧体现为：先"村"后"城"的改革路径、先"点"后"面"的对外开放、先"统"后"放"的外贸改革、先"易"后"难"的国企改革。

（一）先"村"后"城"的改革路径

正如中国革命的策略是"农村包围城市"，改革开放的策略也是"农村包围城市"。

改革伊始，以安徽凤阳小岗村为代表的部分地方率先实行"大包干"改革，也就是家庭联产承包责任制改革。农民获得生产经营自主权，交够国家的、留足集体的、剩下全是自己的。1978—1984年主要是普及家庭联产承包责任制。1979年，党的十一届四中全会通过了《中共中央关于加快农业发展若干问题的决定》，遵循生产关系适应生产力的客观规律，坚持尊重农民意愿和维护农民的权利，确立了农村改革的路径与方向，令农业生产、农村面貌、农民生活发生了翻天覆地的变化，为农业农村发展提供了永不停歇的强大动力。

家庭联产承包责任制的年限，也经历了一个从"短"到"长"的过程，体现了循序渐进、"摸着石头过河"的改革思路。1984年中央一号文件规定，土地承包期一般应在15年以上。1993年，中央十一号文件规定，在原定的耕地承包期到期之后，再延长30年不变。2008年十七届中央委员会第三次全体会议审议通过了《中共中央关于推进农村改革发展若干重大问题的决定》，赋予农民更加充分而有保障的土地承包经营权，现有土地承包关系要保持稳定并长久不变。《中华人民共和国农村土地承包法》以及《中华人民共和国物权法》等对此进一步作了细化部署。党的十九大报告明确指出，保持土地承包关系稳定并长久不变，第二轮土地承包到期后再延长30年。

在进行农村改革的第七年，城市改革启动了。1986年3月10—16日，国务院在北京召开第一次全国城市经济体制改革工作会议。会议要求1986年的城市经济体制改革要贯彻巩固、消化、补充、改善的方针，搞活和开拓市场，加强和完善市场管理，加强和改善宏观控制，把发展横向经济联合作为一项重要工作。

（二）先"点"后"面"的对外开放

对外开放经历了以经济特区和沿海开放城市为起点，从沿海到内陆，逐步深入，最终建设全方位、多渠道、多层次对外开放格局的循序渐进过程。

1.建立经济特区

经济特区的设立，是我国对外开放的突破口和开创性措施。1978年4月，中央派习仲勋前往广东省主持工作，一直工作至1980年11月调回北京。在主政广东仅两年零八个月的时间里，习仲勋勤政为民，雷厉风行，在调研逃港问题时提出在深圳、珠海建"贸易合作区"的发展对策，直接促成了经济特区的设立与改革开放事业破冰。1979年1月，邓小平在同胡厥文等工商界领导人谈话时说："现在搞建设，门路要多一点，可以利用外国的资金和技术，华侨、华裔也可以回来办工厂。吸收外资可以采取补偿贸易的方法，也可以搞合营，先选择资金周转快的行业做起。当然，利用外资一定要考虑偿还能力。"[1] 1979年2月，谷牧在主持商议交通部招商局提出在蛇口开设工厂问题的会议上

---

〔1〕邓小平：《搞建设要利用外资和发挥原工商业者的作用》，《邓小平文选》第二卷，人民出版社1994年版，第156页。

说："小平同志认为不仅宝安、珠海县可以搞，广东、福建的其他县也都可以搞。"1979 年 4 月，邓小平与在北京参加中央工作会议的习仲勋等广东省委领导同志谈话时指出："你们上午的那个汇报不错嘛，在你们广东划出一块地方来，也搞一个特区，怎么样？""办一个特区，过去陕甘宁就是特区嘛。中央没有钱，你们自己去搞，杀出一条血路来！"[1] 1980 年 12 月，邓小平在中央工作会议上指出："在广东、福建两省设置几个特区的决定，要继续实行下去。"[2]

2. 开放沿海港口城市

中国对外开放从经济特区的"点"扩大到沿海开放的"线"，沿海开放城市可以兴办经济技术开发区，通过各种优惠政策吸引外资，发展外向型的加工工业。1984 年，开放大连、秦皇岛、天津、烟台、青岛、连云港、南通、上海、宁波、温州、福州、广州、湛江、北海等沿海城市。1988 年设立海南经济特区。

3. 推动全面对外开放格局

中国对外开放从沿海开放的"线"扩大到全面开放的"面"。1992 年邓小平发表南方谈话，党的十四大作出建立社会主义市场经济体制的决定，中国对外开放向纵深发展。1992 年中国加快改革开放后，经济特区模式移到国家级新区，上海浦东等国家级新区新的特区扩大改革等发展起来，成为中国新一轮改革的重要标志。同时，相继开放了重庆等 6 个

---

[1] 钟坚：《邓小平经济特区思想的丰富内容和时代意义》，《人民日报》2014 年 4 月 22 日。
[2] 邓小平：《贯彻调整方针，保证安定团结》，《邓小平文选》第二卷，人民出版社 1994 年版，第 363 页。

沿江港口城市、14 个陆地边境城市，形成沿周边国家的东北、西北、西南三大开放地带。1999 年党的十五届四中全会确定西部大开发战略，自此，中国对外开放从"线"扩大到"面"，形成全方位对外开放格局。

4. 加入世贸组织

1995 年 7 月 11 日，中国正式提出加入世贸组织的申请。1996 年 3 月，世贸组织中国工作组第一次正式会议在日内瓦召开。1996 年 4 月 1 日和 1997 年 10 月 1 日，我国政府两次大幅度降低关税税率，逐步取消了各种名目繁多的非关税壁垒，在 1998 年 4 月中国工作组第七次会议上，中国代表团向世贸组织秘书处提交了一份近 6000 个税号的关税减让表。1999 年以后，中国加入世贸组织进程明显加快。1999 年 4 月，朱镕基访美，与美国在市场准入谈判方面取得实质性进展，双方签署了中美双边协议中最重要的《中美农业合作协议》，并就中国加入世贸组织问题发表联合声明。1999 年 9 月 11 日，江泽民和克林顿在新西兰亚太地区经济合作组织领导人非正式会议上举行会晤，同意两国恢复谈判。1999 年 11 月 10 日，美国贸易代表团访华，与中国就中国加入世贸组织问题进行双边谈判，最终在 11 月 15 日双方签署了《中美关于中国加入世界贸易组织的双边协议》，这标志着中国与美国就此正式结束双边谈判，也为中国与其他主要贸易伙伴的谈判奠定了基础。2000 年 5 月 19 日，中国与欧盟就中国加入世贸组织达成双边协议。2001 年 11 月 10 日，在卡塔尔首都多哈举行的世贸组织第四次部长级会议上审议并批准了中国加入世贸组织，我国随即递交了全国人大常委会批准中国加入世贸组织议定书的通知书。按照世贸组织的规则，一个月后，中国于

2001 年 12 月 11 日正式成为世贸组织成员，中国对外开放从全面开放的
"面"扩大到全方位的"立体"开放，中国经济与世界经济全面接轨。

（三）先"统"后"放"的外贸改革

对外贸易曾是拉动中国经济发展的"三驾马车"之一。亚当·斯
密在《国富论》中高度重视发展对外贸易，指出国家对外贸易的目标
是"国强民富"。

在改革开放的不同时期，我国先后提出过"进口替代""出口替
代""三来一补""多元化市场""以质取胜""科技兴贸""调整外贸结
构、扩大内需战略"等对外贸易策略。我国外贸改革主要有四条主线：
一是从鼓励出口到进出口并重，二是从鼓励招商引资到招商引资与鼓励
"走出去"并重，三是从商品贸易到商品贸易与服务贸易并重，四是从
统一外贸权到下放外贸权。

改革开放以来，我国对外贸易的发展大致经历了如下五个阶段。

1. 第一阶段：机构设置上重视对外贸易发展

1979 年，国家进出口管理委员会和国家外国投资管理委员会成
立。1980 年，成立进出口商品检验总局。1979 年，广东省将宝安县改
为深圳市，同年，《国务院关于广东省设立深圳、珠海市的批复》颁发。
1980 年，第五届全国人大常委会批准深圳、珠海、汕头和厦门设立经济
特区。1981 年，中共中央、国务院批转《广东、福建两省和经济特区工
作会议纪要》。1982 年，合并成立对外经济贸易部。

2. 第二阶段：出台推动对外贸易的政策

用指导性计划逐步取代指令性计划，成立特区鼓励吸收外资，大力发展加工工业，实行外汇留成制度并建立外汇调剂市场，按照国际贸易通行规则建立出口退税制度，探索改革开放新路。

3. 第三阶段：通过法律形式确定对外贸易的地位

1992 年，我国明确提出建立社会主义市场经济体制的改革目标，对外贸易和外汇体制根据这一目标进行了全面改革。1994 年，《中华人民共和国对外贸易法》正式颁布实施，确立了维护公平、自由的对外贸易秩序等原则，奠定了对外贸易的基本法律制度。同年，取消对出口的所有财政补贴，进出口企业转变为完全自负盈亏。人民币官方汇率与市场调剂汇率并轨，实行以市场供求为基础的、单一的、有管理的浮动汇率制度。对外贸易经营领域进行了企业股份化和进出口代理制试点。

4. 第四阶段：取消专业外贸公司，允许企业进出口业务自营

从 20 世纪 90 年代末开始，国家推动外贸体制改革，取消专业进出口公司，将外贸权下放到企业，允许个体与民营企业参与外贸，自此外贸被注入了强大的活力。

5. 第五阶段：加入世贸组织，全面对外开放

2001 年中国加入世贸组织，这是中国现代化建设中具有历史意义的一件大事，对 21 世纪中国经济发展和社会进步产生了重要而深远的影响，标志着中国对外开放事业进入一个新的阶段。

2017 年 1 月 17 日，习近平主席在世界经济论坛 2017 年年会开幕式

上指出："当年，中国对经济全球化也有过疑虑，对加入世界贸易组织也有过忐忑。但是，我们认为，融入世界经济是历史大方向，中国经济要发展，就要敢于到世界市场的汪洋大海中去游泳，如果永远不敢到大海中去经风雨、见世面，总有一天会在大海中溺水而亡。所以，中国勇敢迈向了世界市场。在这个过程中，我们呛过水，遇到过漩涡，遇到过风浪，但我们在游泳中学会了游泳。这是正确的战略抉择。"[1]

（四）先"易"后"难"的国企改革

企业是经济的基本单位，搞活企业，才能搞活经济。改革开放初期，推动经济体制改革，必然要求进行国企改革。按照循序渐进的发展策略，首先，国企改革中应该制定先"易"后"难"的策略；其次，在推动国企改革的同时，要配套推出经济体制与管理体制的改革；最后，国企改革必然是在有的领域"进"，在有的领域"退"，国企退出的领域，需要有新的经济形态出现。

1. 从扩大企业自主权到建立现代企业制度

通过扩大企业自主权的改革打开传统计划经济体制的缺口。1979 年7 月，国务院先后颁布了《关于扩大国营工业企业经营管理自主权的若干规定》等五个文件。

1984 年 10 月党的十二届三中全会召开，提出要实行政企分开，所有权与经营权相分离，明确国企改革的目标是要使企业真正成为相对独立的经济实体。

---

〔1〕习近平：《在世界经济论坛 2017 年年会开幕式上的主旨演讲》，《人民日报》2017 年 1 月 18 日。

1986 年 12 月 5 日，国务院颁布《关于深化企业改革增强企业活力的若干规定》，提出全民所有制小型企业可积极试行租赁、承包经营。全民所有制大中型企业要实行多种形式的经营责任制。各地可以选择少数有条件的全民所有制大中型企业进行股份制试点。

1987 年底，全国国有大中型企业普遍实行了承包制。同年，党的十三大报告肯定了股份制。截至 1988 年底，全国共有 3800 家股份制企业，其中 800 家由国有企业改制而来。

1993—2003 年国企改革的重点是制度创新。1993 年 11 月，党的十四届三中全会通过了《中共中央关于建立社会主义市场经济体制若干问题的决定》，明确指出国有企业的改革方向是"建立适应市场经济要求，产权清晰、权责明确、政企分开、管理科学的现代企业制度"。

改革开放 40 多年来，国企改革先后经历了放权让利、建立现代企业制度和国有资产监管等阶段，当前国企改革已进入了新时代。

党的十八届三中全会确定了新时代国企改革的路线图，决定以"管资本为主"和混合所有制作为突破口。党的十九大报告明确指出，要推动国有资本做强做优做大，深化国企改革，发展混合所有制，培育一批具有全球竞争力的世界一流企业。

2. 配合国企改革推动一系列管理体制改革

国企改革不是孤立的。国企改革的成功与否，与国企所处的经济环境、体制环境有着密不可分的联系。

价格改革是推动从计划经济向市场经济转变的重要环节，也是推动国企改革的重要步骤。20 世纪 80 年代，我国实施了价格"双轨制"。

从 1981 年开始，国家允许在完成计划的前提下企业自销部分产品，其价格由市场决定。这样就产生了国家指令性计划的产品按国家规定价格统一调拨、企业自行销售的产品的价格根据市场所决定的双轨制。价格双轨制是指中国经济体制向市场经济过渡的过程中的一种特殊的价格管理制度，有利有弊，也有时效性。

随着市场经济体制的建立，双轨制也退出了历史舞台。从 20 世纪 90 年代开始，各类经济体制改革配套推出。1993 年，推行了分税制改革、金融体制改革。1993 年 12 月 15 日，国务院作出《关于实行分税制财政管理体制的决定》。1994 年进行了分税制财政管理体制改革，1995 年开始对政府间财政转移支付制度进行了改革，2002 年进行了所得税收入分享改革，基本上建立起了适应社会主义市场经济要求的财政体制框架。1993 年 12 月 25 日，国务院作出《关于金融体制改革的决定》。通过金融体制改革，确立中国人民银行作为独立执行货币政策的中央银行的宏观调控体系、政策性银行与商业银行分离的金融组织体系。

1994 年 1 月 11 日，国务院作出《关于进一步深化对外贸易体制改革的决定》。1996 年 4 月 1 日，大幅度降低关税，关税总水平降至 23%。1994 年 7 月 18 日，国务院作出《关于深化城镇住房制度改革的决定》，把住房实物福利分配的方式改变为以按劳分配为主的货币工资分配方式、建立住房公积金制度等。1994 年《关于职工医疗制度改革的试点意见》获国务院批准，初步建立了医疗保险"统账结合"（社会统筹与个人账户相结合）的城镇职工医疗保险模式。

三、中国方案中不偏不倚的战略抉择

战略与战术分属不同的层面。战略是一种从全局考虑谋划实现全局目标的规划，战术只是为实现战略的手段之一。战术选择错误，尚可弥补；战略选择错误，注定结局失败。

新中国成立 70 年来，特别是改革开放 40 多年来，我国选择了正确的战术，确定了循序渐进的发展策略；也选择了正确的战略，确定了不偏不倚的战略抉择。

新中国成立 70 年在战略抉择层面向世界贡献的智慧主要体现为：一是内政战略选择中国特色社会主义，二是外交战略选择独立自主的和平外交政策。

（一）中国特色社会主义的中国智慧

中国特色社会主义是改革开放伟大实践凝聚成的中国智慧。

第二次世界大战结束后，社会主义阵营与资本主义阵营形成对峙，两大阵营的竞争是经济发展的竞争，而经济发展的竞争实质是社会制度与经济体制优劣的竞争。20 世纪 50 年代，我国走以"一化三改造"为核心内容的过渡时期总路线，建立了以高度集中的计划经济为特质的社会主义。

新中国成立以来，社会主义在国际上受到了苏联霸权主义与大国沙文主义的影响。20 世纪 50 —60 年代，苏联先后出兵匈牙利、捷克，干涉他国内政，中苏论战，社会主义阵营出现分裂，苏联霸权主义与大国沙文主义暴露无遗。民主德国于 1961 年建柏林墙，目的是不让东德人逃入西柏林，在柏林墙建造之前，大约有 250 万东德人逃入西柏林。为什么西德人不逃到东柏林？人往高处走，水往低处流。柏林墙的建造已经证明，苏联实行的以高度集中的计划经济为特质的社会主义在与资本主义制度的竞争中败下阵来了。

另外，学术界也对社会主义展开了讨论。20 世纪 20 —30 年代，经济学界爆发了一场关于社会主义公有制下的计划经济是否可行的辩论。当时知名的经济学家都卷入了这场辩论，米塞斯与哈耶克成为批判苏联体制的旗手。米塞斯在一篇题为《社会主义制度下的经济计算》的文章中否认社会主义能够通过计划经济实现资源的有效配置。哈耶克从米塞斯的论点出发，在《通往奴役之路》一书中不仅断言苏联计划经济体制将破产，而且认定计划经济是通往奴役之路。

因此，改革开放面临的第一个战略抉择就是如何看待社会主义。在这个战略抉择问题上，中国智慧体现在：将社会主义与苏联实行高度集中的政治经济体制的社会主义切割；将科学社会主义与中国国情结合，探索中国特色社会主义；在坚持四项基本原则的基础上与前提下，推动建设社会主义市场经济体制；将发展经济、解放生产力、提高人民生活水平作为改革开放以来党的工作重点，始终坚持将经济发展与改善民生同步。

1. 对苏联模式说“不”

1978 年 10 月，邓小平访日期间在东京日本记者俱乐部举行了一场记者招待会。他在回答记者提问时说：“要有正确的政策，就是要善于学习，要以现在国际先进的技术、先进的管理方法作为我们发展的起点。首先承认我们的落后，老老实实承认落后就有希望。再就是善于学习。这次到日本来，就是要向日本请教。我们向一切发达国家请教。向第三世界穷朋友中的好经验请教。相信本着这样的态度、政策、方针，我们是有希望的。"[1]

2. 向否定社会主义说"不"

1979 年 3 月 30 日，邓小平在理论工作务虚会上发表了《坚持四项基本原则》的长篇讲话，对前段时间党内的思想状况和社会上的思潮作出了回应，为刚刚开启的改革开放指明了方向。"四项基本原则"的第一条就是"必须坚持社会主义道路"。

1980 年 8 月，意大利记者奥琳埃娜·法拉奇在专访邓小平时提出了一个十分尖锐的问题："天安门上的毛主席像，是否要永远保留下去？"邓小平的回答十分坚定：永远要保留下去。他进一步解释道："过去毛主席像挂得太多，到处都挂，并不是一件严肃的事情，也并不能表明对毛主席的尊重。尽管毛主席过去有段时间也犯了错误，但他终究是中国共产党、中华人民共和国的主要缔造者。拿他的功和过来说，错误毕竟是第二位的。他为中国人民做的事情是不能抹杀的。从我们中国人民的感情来说，我们永远把他作为我们党和国家的缔造者来纪念。"[2]

1981 年 6 月 27 日，党的十一届六中全会通过《关于建国以来党的若干历史问题的决议》，对新中国成立 32 年来党的重大历史事件作出正确的总结，实事求是地评价了毛泽东在中国革命中的历史地位，充分

〔1〕《改革开放前夕：邓小平访日学到了什么》，凤凰网 2008 年 11 月 27 日。
〔2〕邓小平：《答意大利记者奥琳埃娜·法拉奇问》，《邓小平文选》第二卷，人民出版社 1993 年版，第 344 页。

论述了毛泽东思想作为中国共产党的指导思想的伟大意义，肯定了党的十一届三中全会以来逐步确立的适合中国国情的建设社会主义现代化国家的正确道路。

1987年党的十三大将"一个中心、两个基本点"确定为党的基本路线的核心内容。"一个中心"是指以经济建设为中心；"两个基本点"是指坚持四项基本原则，坚持改革开放。

3. 坚持走中国特色社会主义道路

1989年，美国新保守主义期刊《国家利益》发表了《历史的终结》一文。美籍日裔学者弗朗西斯·福山在文中准确预言了苏联的崩溃，他宣称冷战必然以西方胜出而宣告结束，冷战结束意味着人类意识形态演变的终结，西方民主制度被证明是人类最好的政治制度，市场经济是人类最好的经济制度。

面对质疑社会主义的声音，我国一方面向僵化的社会主义说"不"，另一方面向否定社会主义说"不"，在改革开放中走出了一条中国特色社会主义道路。这条道路既没有全盘否定社会主义制度，也没有以教条主义照搬书本上的社会主义，而是保持不偏不倚的战略抉择，坚持求真务实、理论联系实际，一切从实际出发，坚持走中国特色社会主义发展道路。

从"有中国特色的社会主义""有中国特色社会主义"，到"中国特色社会主义"，充分体现了"四个自信"。

1987年，党的十三大报告标题是《沿着有中国特色的社会主义道路前进》；1992年，党的十四大报告标题是《加快改革开放和现代化建设步伐，夺取有中国特色社会主义事业的更大胜利》；1997年，党的十五大报告标题是《高举邓小平理论伟大旗帜，把建设有中国特色社会主义事业全面推向二十一世纪》。自党的十六大开始，历次党的全国代表大会的报告标题中，"中国特色社会主义"都是主题词。2002年，党的十六大报告标题是《全面建设小康社会，开创中国特色社会主义事业新局面》；2007年，党的十七大报告标题是《高举中国特色社会主义伟大旗帜，为夺取全面建设小康社会新胜利而奋斗》；2012年，党的十八大报告标题是《坚定不移沿着中国特色社会主义道路前进，为全面建成小康社会而奋斗》；2017年，党的十九大报告标题是《决胜全面建成小康社会，夺取新时代中国特色社会主义伟大胜利》。

（二）独立自主的和平外交政策的中国智慧

中华人民共和国成立以后，毛泽东把中国共产党在长期革命斗争中形成的独立自主、自力更生的原则运用到中国的对外关系中，确定了新中国外交主旋律。

20世纪70年代末以来，世界格局发生了重大变动。世界多极化的趋势逐渐显现，国际形势总体上出现了相对和平的发展趋势。尽管局部地区战争仍时有发生，但制止战争的因素也在逐步增加。总之，世界要和平，人民要合作，国家要发展，社会要进步，和平与发展成为时代发展的潮流。邓小平根据世界经济与政治发生的重大变化，及时提出"和平与发展已经成为当今世界的两大主题"的科学论断。

中国独立自主的和平外交智慧，主要体现在三个方面：一是始终坚持独立自主外交政策；二是始终坚持和平外交政策；三是始终反对霸权主义、强权政治、单边主义。

1. 独立自主外交政策体现了不偏不倚的中国智慧

事实上，在毛泽东时期就已经有了独立自主外交政策，但正式把中国外交定义为"独立自主的和平外交"是在邓小平时期。

1982 年 9 月 1 日，在党的十二大上，邓小平正式提出了中国独立自主外交政策的概念。1984 年 5 月，邓小平把中国对外政策概括成独立自主外交，指出"中国的对外政策是独立自主的，是真正的不结盟"，具体体现为：不结盟、不孤立、不对抗、不针对第三国、进行全方位外交活动。其核心是不结盟。这就体现了不偏不倚的中国智慧。

2. 和平发展外交政策体现了以和为贵的中庸之道

发展经济，推进改革开放，需要和平的国际环境。和平有助于发展，发展可以巩固和平。和平与发展成为改革开放以来中国外交政策的中心思想。

中国重视发展同周边国家的睦邻友好关系，重视加强与广大发展中国家团结合作，重视加强与各大国拓展合作领域，推进相互关系长期稳定健康发展，重视参与联合国维和行动，以及多边事务和全球治理。

正是由于长期坚持和平发展外交政策，中国成为维护世界和平、促进全球经济增长的重要力量。中国也在和平与发展的国际大环境下，成功实现了和平崛起。习近平总书记指出，放眼全球，我们正面临百年未有之大变局。无论国际风云如何变幻，中国维护国家主权和安全的信心和决心不会变，中国维护世界和平、促进共同发展的诚意和善意不会变。

第五章

以民为本的民本思想

民心是最大的政治，正义是最强的力量。正所谓"天下何以治？得民心而已！天下何以乱？失民心而已！"社情民意是观察政治问题的晴雨表。

——习近平在第十八届中央纪律检查委员会第六次全体会议上的讲话（2016 年 1 月 12 日）

新中国 70 年向世界贡献了以民为本的民本思想智慧。

第一，以民为本的民本思想代表着中国古代农耕文明与智慧的最高境界。以民为本的民本思想源自中国古代农耕文明，是历代统治者治国理政的重点。孟子有言"民为贵，社稷次之，君为轻"，这是我国古代以民为本治国理政智慧的集中体现。

第二，以民为本的民本思想与以德治国的儒家政治主张一脉相承。儒家政治哲学与智慧在《大学》中已有阐述："大学之道，在明明德，在亲民，在止于至善。……古之欲明明德于天下者，先治其国；欲治其国者，先齐其家；欲齐其家者，先修其身；欲修其身者，先正其心；欲正其心者，先诚其意；欲诚其意者，先致其知；致知在格物。物格而后知至，知至而后意诚，意诚而后心正，心正而后身修，身修而后家齐，家齐而后国治，国治而后天下平。自天下以至于庶人，壹是皆以修身为本。"

一、传统文化中以民为本的治国理念

所谓民本，是相对于君本、官本而言的。《书·五子之歌》有言："民惟邦本，本固邦宁。"民本思想，顾名思义就是以民为本的思想，要求中国古代的明君、贤臣以民为本，重民、爱民、富民。

以民为本的民本思想与以民为本的治国理念是相互联系的。以民为本的民本思想是以民为本的治国理念的基础，以民为本的治国理念保障了以民为本的民本思想的贯彻落实。

（一）以民为本的治国理念要求爱民

爱民是以民为本治国理念的重要内容。爱民，就要顺应民心。世界潮流浩浩荡荡，顺之者昌，逆之者亡。同样的道理，治国理政要听政于民，执政为民，不与民争利。

1. 听政于民

孔子提出"节用而爱人，使民以时"，墨子主张"兼相爱，交相利"。《三国志》言："夫与民共其乐者，人必忧其忧；与民共有其忧者，人必拯其危。"范仲淹言："不以物喜，不以己悲；居庙堂之高则忧其民，处江湖之远则忧其君。是进亦忧，退亦忧。然则何时而乐耶？其必曰'先天下之忧而忧，后天下之乐而乐'乎！"郑板桥言："衙斋卧听萧萧竹，疑是民间疾苦声。些小吾曹州县吏，一枝一叶总关情。"

听政于民就是顺应民心，民心向背决定政权稳定与否。《书·梓材》言："欲至于万年，惟王子子孙孙永保民。"《孔子家语·五仪解》言："夫君者舟也，庶人者水也。水所以载舟，亦所以覆舟。"贾谊言："国以民为本，君以民为本，吏以民为本。"唐太宗言："为君之道，必须先存百姓。若损百姓以奉其身，犹割股以啖腹，腹饱而身毙。"这些都体现了顺应民心的重要性。

2. 执政为民

以民为本的治国理念要求执政为民。《老子》言："圣人无常心，以百姓之心为心。"《孟子》言："乐民之乐者，民亦乐其乐；忧民之忧者，民亦忧其忧。乐以天下，忧以天下，然而不王者，未之有也。""得天下有道，得其民，斯得天下矣。得其民有道，得其心，斯得民矣。得其心有道，所欲与之聚之，所恶勿施尔也。""失天下者，失其民也；失其民者，失其心也。"《吕氏春秋》言："故凡举事，必先审民心，然后可举。"

3. 不与民争利

《管子·形势解》言："上施厚，则民之报上亦厚；上施薄，则民之报上亦薄。""有道则民归之，无道则民去之。"《晏子春秋》言："意莫高于爱民，行莫厚于乐民。""能爱邦内之民者，能服境外之不善。"《淮南子·修务训》言："公正无私，一言而万民齐。"

历代兴衰史反复发出预警：官与民争利，就是政权衰败的征兆；一旦官与民争利有恃无恐，则政权距离分崩离析就不远了。

（二）以民为本的治国理念要求富民

1. 解决好温饱问题

"民以食为天。"中国是一个传统农业国家，农业是经济的根本，以小农户个体经营为基本形式的自然经济是古代中国经济的基本形态。耕地的拓展与分配，耕作技术的改进，新农具的发明，这些都是经济发展、民生改善、社会稳定的基础。

《国语》言："夫民之大事在农，上帝之粢盛于是乎出，民之蕃庶于是乎生，事之供给于是乎在，和协辑睦于是乎兴，财用蓄殖于是乎始。"《管子》言："取于民有度，用之有止，国虽小必安；取于民无度，用之不止，国虽大必危。""善为民除害兴利，故天下之民归之。"《汉书》言："圣王在上而民不冻饥者，非能耕而食之，织而衣之，为开其资财之道也。""食足货足，然后国实民富，而教化成。"《三国志》言："善为国者，藏之于民。""安民之术，在于丰财；丰财者，务本而节用也。"

重视发展农业是中国历代统治者治国理念的核心，历代统治者大多重视水利的兴修，通过土地制度与赋税制度调整生产关系，促进农业发展。

2. 处理好土地问题

中国古代土地问题最集中的反映就是土地兼并问题。中国历代农民起义、朝代更迭，导火索是不同的，但是大都存在严重的土地兼并问题。所以，开明的统治者大多一方面拓展耕地面积，大力兴修水利，鼓励农业发展；另一方面严控土地兼并，主张平均地权，这充分体现了治国理政的中国智慧。

二、发展价值中人民至上的核心理念

"人民"对于新中国具有特殊意义。在我国，国家名称是"中华人民共和国"，以"人民"命名的国家机构有：全国人民代表大会、中央人民政府、地方各级人民代表大会、地方各级人民政府、人民法院和人民检察院。军队叫"中国人民解放军"，中央银行叫"中国人民银行"，发行的货币叫"人民币"，警察叫"人民警察"，等等。总之，新中国成立以来，使用频率最高的词就是"人民"。

发展价值中人民至上的核心理念是以民为本的民本思想与智慧的当代表达。首先，"立党为公、执政为民"是中国共产党的执政理念，是我们党在长期的革命、建设和改革中始终坚持的一贯思想；其次，人民至上理念与为人民服务是统一的。"全心全意为人民服务"是中国共产党的根本宗旨，是党的群众路线的体现，其本质就是"人民至上"。

第一，人民至上的核心理念与唯物史观是一致的。

人民至上的理论基础是党的群众路线。群众观是马克思主义唯物史观的一个基本观点，也是马克思主义政治观的一个最重要的观点。在国际共产主义运动史上，马克思、恩格斯、列宁都十分重视党同群众的关系。他们提出的一系列理论观点，为确立共产党与人民群众的基本关系奠定了基础。马克思、恩格斯在《共产党宣言》中指出："过去的一切运动都是少数人的，或者为少数人谋利益的运动。无产阶级的运动是绝大多数人的，为绝大多数人谋利益的独立的运动。"[1]

人民至上的理论是历史唯物主义和群众史观的统一。社会历史从根本上说是生产力发展的历史，生产力决定生产关系，经济基础决定上层建筑。一方面，人类社会的历史归根结底是物质生产者的历史；另一方面，没有一个生产者阶级，人类社会就不能存在。因此，人民

〔1〕马克思、恩格斯：《共产党宣言》，《马克思恩格斯选集》第一卷，人民出版社 2012 年版，第 411 页。

群众从事的物质生产活动是社会存在和社会发展的物质基础，人民群众创造了人们吃穿住行等所必需的生活资料和从事政治、科学、文化、艺术等活动所必需的物质前提。认同物质生产的决定性作用，就要尊重人民群众在历史发展中的地位。毛泽东指出："人民，只有人民，才是创造世界历史的动力。"[1]

第二，人民至上的核心理念与党的群众路线是一致的。

中国共产党在推动马克思主义基本原理与中国实际相结合的过程中，创造性地将马克思主义群众史观具体化为党的群众路线。其核心是保持党同人民群众的血肉联系，在工作中要求一切为了群众，一切依靠群众，把党的正确主张变为群众的自觉行动。党的群众路线贯穿于中国革命与建设的始终。党的根基在人民，血脉在人民，力量也在人民。党要发展壮大、生生不息，必须坚持党的群众路线，坚持人民至上。

1939年10月，毛泽东在撰写《共产党人》发刊词时，根据马克思列宁主义的历史观和群众观，结合中国革命的实践，提出了一整套党的群众路线理论，明确提出"从群众中来，到群众中去"的工作方法。毛泽东强调："在我党的一切实际工作中，凡属正确的领导，必须是从群众中来，到群众中去。"[2]

1944年10月，毛泽东在接见新闻工作者时指出："三心二意不行，半心半意也不行，一定要全心全意为人民服务。"毛泽东在党的七

---

〔1〕毛泽东：《论联合政府》，《毛泽东选集》第三卷，人民出版社1991年版，第1031页。
〔2〕毛泽东：《关于领导方法的若干问题》，《毛泽东选集》第三卷，人民出版社1991年版，第899页。

大政治报告《论联合政府》中强调："全心全意地为人民服务，一刻也不脱离群众；一切从人民的利益出发，而不是从个人或小集团的利益出发；向人民负责和向党的领导机关负责的一致性；这些就是我们的出发点。"[1] 在党的七大上，"中国共产党人必须具有全心全意为中国人民服务的精神"这句话被写入了党章。

（一）"以人民为中心"的改革发展观的中国智慧

"以人民为中心"的改革发展观是新中国 70 年向世界贡献的中国智慧，蕴含着丰富的智慧、内涵：第一，凡是"以人民为中心"的发展与改革，就能团结一切可以团结的力量，形成巨大的生产力与消费力，成为推动社会发展的根本动力；第二，"以人民为中心"的发展与改革，体现了社会主义的本质，也体现了中国共产党执政为民的理念。

1. "以人民为中心"的改革发展观是习近平新时代中国特色社会主义思想的主要内容

党的十八大以来，以习近平同志为核心的党中央顺应人民群众对美好生活的向往，落实以民为本、以人为本的执政理念，坚持发展为了人民、发展依靠人民、发展成果由人民共享，带领中国人民朝着实现"两个一百年"奋斗目标、实现中华民族伟大复兴的中国梦砥砺奋进，形成了发展价值中人民至上的核心理念。

在党的十八大报告中，"人民"一词出现了 145 次，体现出人民的分量。社会各项事业强调"民生"，干部选拔强调"民意"，法治建

---

〔1〕毛泽东：《论联合政府》，《毛泽东选集》第三卷，人民出版社 1991 年版，第 1094—1095 页。

设强调"民主"……这反映了我们党全心全意为人民服务的根本宗旨和人民至上的执政理念。

党的十八大报告还把人民至上的执政理念与"必须坚持走共同富裕道路"结合起来，强调"使发展成果更多更公平惠及全体人民"，"加紧建设对保障社会公平正义具有重大作用的制度，逐步建立以权利公平、机会公平、规则公平为主要内容的社会公平保障体系，努力营造公平的社会环境，保证人民平等参与、平等发展权利"。将保障社会公平正义摆到了更加突出的位置，这是对人民至上的执政理念的细化。

2013年12月26日，习近平总书记在纪念毛泽东同志诞辰120周年座谈会上的讲话中强调："全心全意为人民服务，是我们党一切行动的根本出发点和落脚点，是我们党区别于其他一切政党的根本标志。党的一切工作，必须以最广大人民根本利益为最高标准。检验我们一切工作的成效，最终都要看人民是否真正得到了实惠，人民生活是否真正得到了改善，人民权益是否真正得到了保障。面对人民过上更好生活的新期待，我们不能有丝毫自满和懈怠，必须再接再厉，使发展成果更多更公平惠及全体人民，朝着共同富裕方向稳步前进。"[1]

2014年9月30日，习近平总书记在庆祝中华人民共和国成立65周年招待会上的讲话中强调："面向未来，我们必须坚持同人民在一起。人民是历史的创造者。我们要紧紧依靠人民，充分发挥人民主体作用，尊重人民首创精神，为了人民干事创业，依靠人民干事创业。我们要坚持'以百姓心为心'，倾听人民心声，汲取人民智慧，始终把实现好、

〔1〕习近平:《在纪念毛泽东同志诞辰120周年座谈会上的讲话》,《人民日报》2013年12月27日。

维护好、发展好最广大人民根本利益作为一切工作的出发点和落脚点，让发展成果更多更公平惠及全体人民。"[1]

2015年6月16日，习近平总书记在贵州考察时指出："党中央制定的政策好不好，要看乡亲们是哭还是笑。要是笑，就说明政策好。要是有人哭，我们就要注意，需要改正的就要改正，需要完善的就要完善。"[2]

习近平总书记指出："以人民为中心的发展思想，不是一个抽象的、玄奥的概念，不能只停留在口头上、止步于思想环节，而要体现在经济社会发展各个环节。要坚持人民主体地位，顺应人民群众对美好生活的向往，不断实现好、维护好、发展好最广大人民根本利益，做到发展为了人民、发展依靠人民、发展成果由人民共享。"[3]

党的十九大将"坚持以人民为中心"确立为新时代坚持和发展中国特色社会主义的基本方略之一，将"保护人民人身权、财产权、人格权"写入党的十九大报告则充分体现了党对人民权利的高度重视。党的十九大报告强调："必须坚持人民主体地位，坚持立党为公、执政为民，践行全心全意为人民服务的根本宗旨，把党的群众路线贯彻到治国理政全部活动之中，把人民对美好生活的向往作为奋斗目标，依靠人民创造历史伟业。"

---

〔1〕习近平：《在庆祝中华人民共和国成立65周年招待会上的讲话》，《人民日报》2014年10月1日。
〔2〕《习近平考察贵州：政策好不好 要看乡亲们是哭还是笑》，新华网2015年6月17日。
〔3〕习近平：《在省部级主要领导干部学习贯彻党的十八届五中全会精神专题研讨班上的讲话》，《人民日报》2016年5月10日。

2."以人民为中心"的改革发展观是新时代中国经济发展转型升级的必然趋势

按照马斯洛需求层次学说，中国的改革开放大致需要经过几个阶段。第一阶段是发展好生产力，把"蛋糕"做大，解决温饱问题，故而提出建设小康社会。第二阶段是处理好人与人的关系，把"蛋糕"分好，故而提出建立和谐社会。由此也引发了"蛋糕"做大与"蛋糕"分好孰轻孰重之争。

"以人民为中心"的改革发展观有效地解决了两者的冲突，一方面强调发展就必须继续改革开放，另一方面强调改革开放必须"以人民为中心"。

"以人民为中心"的改革发展观是新时代改革开放的方向，是党心所向、民心所向。公平正义不是抽象的，而是具体的，是与民生密切联系在一起的。习近平总书记指出："促进社会公平正义，在更高水平上实现幼有所育、学有所教、劳有所得、病有所医、老有所养、住有所居、弱有所扶，让发展成果更多更公平惠及全体人民。"[1]

坚持"以人民为中心"的改革发展观，就要注重解决当前与每个人工作、学习、生活有关的制度设计中的缺陷问题，特别是人事制度中的不公平，如招聘信息与广告中的年龄歧视条款。诚然，特殊的行业列出只招聘年轻人的条款可以理解，对于非公有制企业也应该予以更多自由。但是，大多数公有制企业招聘中以"35 岁"为红线，就是严重的年龄歧视。首先，这违反宪法关于公民一律平等的法律原则，是对人的不尊重；其次，这种司空见惯的不公平，是对人力资源的极大浪费。

---

[1]习近平：《在纪念马克思诞辰 200 周年大会上的讲话》，《人民日报》2018 年 5 月 5 日。

社会保障制度的日益健全，为人的自由流动创造了条件。人力资源在不同机构之间的自由流动，如同资金、商品在社会主义市场经济体制下的自由流动，可以创造更高的生产率、更多的社会财富，是和谐社会的体现，是中国进入人口"后红利"时代充分发挥人力资源的科学选择。通过制度设计推动公有制企业在冲突人事制度年龄歧视上迈出"一小步"，从而激发全社会以坚持"以人民为中心"为准绳，在建立科学、公平、正义的社会环境上迈出"一大步"，这就是中国智慧的社会改良方案。

"以人民为中心"不是"全心全意为人民服务"的简单重复。如果把"全心全意为人民服务"视为对共产党执政与共产党人的高标准、严要求，那么"以人民为中心"的改革发展观就是对改革与发展目的的进一步明确。这是"让更多的人享受改革开放发展的成果"的科学发展观，或者可以说"让更多的人享受改革开放发展的成果是衡量改革开放的标准"。

（二）"不忘初心、牢记使命"主题教育的中国智慧

党的十九大决定，在全党开展"不忘初心、牢记使命"主题教育。2019 年是中华人民共和国成立 70 周年，也是我们党在全国执政第 70 个年头，在这个时刻开展这次主题教育，正当其时。开展"不忘初心、牢记使命"主题教育，是围绕"四个伟大"作出的重大部署，对统筹推进"五位一体"总体布局、协调推进"四个全面"战略布局，决胜全面建成小康社会、夺取新时代中国特色社会主义伟大胜利、实现中华民族伟大复兴的中国梦，具有重大而深远的意义。

"不忘初心、牢记使命"主题教育体现了两大中国智慧：一是通过这次主题教育统一思想，只有思想统一，行动才能统一。开展这次主题教育就是要坚持思想建党、理论强党，不断增强"四个意识"，坚定"四个自信"，做到"两个维护"。二是通过这次主题教育保持党同人民群众的血肉联系。中国共产党来自人民，为人民而生，因人民而兴，必须始终与人民心心相印、与人民同甘共苦、与人民团结奋斗。党除了人民利益之外没有自己的特殊利益，党的一切工作都是为了实现好、维护好、发展好最广大人民的根本利益。人民是历史的创造者，人民是真正的英雄，必须相信人民、依靠人民，必须保持党同人民群众的血肉联系。

1. "不忘初心、牢记使命"主题教育是实现党的十九大确定的目标任务的需要

中国共产党人的初心和使命是为中国人民谋幸福，为中华民族谋复兴。2018 年 5 月 4 日，习近平总书记在纪念马克思诞辰 200 周年大会上的讲话中指出："我们要始终把人民立场作为根本立场，把为人民谋幸福作为根本使命，坚持全心全意为人民服务的根本宗旨，贯彻群众路线，尊重人民主体地位和首创精神，始终保持同人民群众的血肉联系，凝聚起众志成城的磅礴力量，团结带领人民共同创造历史伟业。这是尊重历史规律的必然选择，是共产党人不忘初心、牢记使命的自觉担当。"[1]

当前，我国外部环境复杂，不稳定不确定因素增多。实现党的十九大确定的宏伟目标，完成艰巨繁重的改革发展稳定任务，需要中国共产

---

〔1〕习近平：《在纪念马克思诞辰 200 周年大会上的讲话》，《人民日报》2018 年 5 月 5 日。

党带领全国人民共同奋斗、接力奋斗、顽强奋斗，需要付出更为艰巨、更为艰苦的努力。在越是接近实现中华民族伟大复兴目标的节点上，越需要全党增强信心、勠力同心，保持忧患意识、增强斗争精神，沉着应对各种风险挑战。适时开展这次主题教育，就是要教育引导广大党员干部发扬革命传统和优良作风，团结带领人民把党的十九大绘就的宏伟蓝图一步一步变为美好现实。

2. "不忘初心、牢记使命"主题教育是建设中国特色社会主义的本质需要

马克思主义是关于全人类解放的学说。科学社会主义是马克思主义三大组成部分之一。它是关于无产阶级解放斗争发展规律的科学，即关于无产阶级所进行的斗争的性质、条件以及由此产生的一般目的的科学。无产阶级所进行的斗争的性质，就是要使自己从资本主义奴役下解放出来，就是要使自己获得彻底解放。马克思强调，共产党人要不屑于隐瞒自己的观点和意图，要公开宣布"我们的目的是要建立社会主义制度"和"实现共产主义"。

习近平总书记梳理了中国特色社会主义与科学社会主义两者之间的关系。2013 年 1 月 5 日，习近平总书记在新进中央委员会的委员、候补委员学习贯彻党的十八大精神研讨班开班式上指出，中国特色社会主义是社会主义而不是其他什么主义，科学社会主义基本原则不能丢，丢了就不是社会主义。一个国家实行什么样的主义，关键要看这个主义能否解决这个国家面临的历史性课题。

2018 年，习近平总书记在庆祝改革开放 40 周年大会上的讲话中，

把"坚持科学社会主义"与"坚持解放思想、实事求是"放在同等重要的位置。习近平总书记指出："我们始终坚持解放思想、实事求是、与时俱进、求真务实，坚持马克思主义指导地位不动摇，坚持科学社会主义基本原则不动摇。"[1]

关于科学社会主义对于中国发展的作用，习近平总书记在党的十九大报告中指出："中国特色社会主义进入新时代，意味着近代以来久经磨难的中华民族迎来了从站起来、富起来到强起来的伟大飞跃，迎来了实现中华民族伟大复兴的光明前景；意味着科学社会主义在二十一世纪的中国焕发出强大生机活力。"

"不忘初心、牢记使命"主题教育的意义在于教育广大党员干部，无论我们走得多远，都不能忘记来时的路。要牢记红色政权是从哪里来的、新中国是怎么建立起来的、科学社会主义为什么是科学的、中国特色社会主义为什么是必须坚持的。广大党员干部必须牢记党的理想信念和根本宗旨，弘扬长征精神，发扬革命战争年代那种敢于战斗、不怕困难的奋斗精神，奋力夺取新时代中国特色社会主义新胜利。

三、治国理政中造福人民的现实实践

治国理政中造福人民的现实实践要让广大人民群众看得见、摸得着、感受得到，这才是中国智慧。

新中国成立 70 年向世界展示了治国理政的丰富智慧，其中，全面建成小康社会的中国方案让广大人民群众看得见、摸得着、感受得到，

---

〔1〕习近平：《在庆祝改革开放 40 周年大会上的讲话》，《人民日报》2018 年 12 月 19 日。

展示了治国理政层面的智慧。中国的减贫方案，不仅有效解决了中国的贫困问题，而且为世界减贫事业提供了宝贵的中国经验与智慧。

（一）中国全面建成小康社会的治国理政智慧

全面建成小康社会——这是习近平新时代中国特色社会主义思想"以人民为中心"改革发展观的现实目标。

实现中华民族伟大复兴是中华民族近代以来最伟大的梦想，全面建成小康社会是第一步。完成了全面建成小康社会的目标，可以极大地提高对实现中华民族伟大复兴中国梦的信心，因此，全面建成小康社会是实现中华民族伟大复兴的关键。

中国智慧提倡实事求是，重视循序渐进，强调奋斗不息。党的十八届五中全会对全面建成小康社会进行了总体部署，"十三五"规划进一步将全面建成小康社会指标化、具体化。

1. 将全面建成小康社会分解为实实在在的目标

所谓实实在在的目标，就是广大人民群众看得见、摸得着、感受得到的目标。广大人民群众能够感受到目标实现后带来的变化，有助于增强全面建成小康社会的信心，有助于凝聚成团结的力量、向上的力量、奋斗的力量，有助于增强行动自觉性。这种将目标细化的做法体现了治国理政的中国智慧。

2016 年 12 月 21 日，习近平总书记在中央财经领导小组第十四次会议上的讲话中强调："全面建成小康社会，不是一个'数字游戏'或'速度游戏'，而是一个实实在在的目标。在保持经济增长的同时，更重要的是落实以人民为中心的发展思想，想群众之所想、急群众之所急、解群众之所困，在学有所教、劳有所得、病有所医、老有所养、住有所居上持续取得新进展。人民群众关心的问题是什么？是食品安不安全、暖气热不热、雾霾能不能少一点、河湖能不能清一点、垃圾焚烧能不能不有损健康、养老服务顺不顺心、能不能租得起或买得起住房，等等。相对于增长速度高一点还是低一点，这些问题更受人民群众关注。如果只实现了增长目标，而解决好人民群众普遍关心的突出问题没有进展，即使到时候我们宣布全面建成了小康社会，人民群众也不会认同。"[1]

2. 全面建成小康社会要解决好发展的短板问题

社会发展总会有短板，而短板与瓶颈往往成为制约经济可持续平稳发展的要害，也成为舆论关注的焦点。解决好发展的短板问题，体现了治国理政要抓住主要矛盾解决主要问题的中国智慧。

2017 年 6 月 21 日至 23 日，习近平总书记在山西考察工作时指出："要在抓好脱贫攻坚这个第一民生工程的同时，统筹做好就业、收入分配、教育、社会保障、医疗卫生、住房、食品安全、生产安全、公共治安等各项民生的保障和改善工作，确保人民安居乐业、社会安定有序。推出的每件民生实事都要一抓到底，一件接着一件办，一年接着一年干。"

---

〔1〕中共中央文献研究室：《习近平关于社会主义社会建设论述摘编》，中央文献出版社 2017 年版，第 18—19 页。

（二）中国的减贫智慧

"致富路上一个都不能少"—— 这是习近平新时代中国特色社会主义思想的扶贫观。

中国是世界上最大的发展中国家，长期受到贫困问题的困扰。全面小康是全体中国人民的小康，不能有人掉队，特别是农村不能掉队。因此，必须重视"三农"问题。

中国的减贫智慧体现在两个方面。一是减贫要治本：取消农业税就是治本之法，减轻农民负担，增加农民收入，推动农业发展，推动农村综合改革，建设社会主义新农村；二是精准扶贫：提高扶贫效率，消除扶贫腐败。

在扶贫减贫领域，中国向世界交出了一份令人满意的答卷。从2012年底到2018年底，我国农村贫困人口从9899万人减少到1660万人，贫困发生率从10.2%下降到1.7%。2015年10月，习近平主席在2015减贫与发展高层论坛上呼吁"共建一个没有贫困、共同发展的人类命运共同体"，并就此发出倡议：着力加快全球减贫进程，着力加强减贫发展合作，着力实现多元自主可持续发展，着力改善国际发展环境。作为世界上最大的发展中国家，中国一直是全球减贫事业的积极倡导者和有力行动者。中国的扶贫减贫方案取得了卓有成效的业绩，为世界减贫事业贡献了中国智慧。

1. 精准扶贫

中国改革开放是从农村开始的，"三农"问题是中央全会、中央工作会议关注的重点问题。中国在扶贫攻坚工作中采取的重要举措，就是实施精准扶贫方略，找到"贫根"，对症下药，靶向治疗。

注重抓 6 个精准：扶持对象精准、项目安排精准、资金使用精准、措施到户精准、因村派人精准、脱贫成效精准。

2. 停止征收农业税

农业税俗称"公粮"，是最古老的税种，它始于春秋时期鲁国的"初税亩"。1958 年 6 月 3 日，第一届全国人民代表大会常务委员会第九十六次会议通过《中华人民共和国农业税条例》，规定全国的平均税率为常年产量的 15.5%。1994 年 1 月 30 日，国务院发布《关于对农业特产收入征收农业税的规定》。

1985 年 10 月 31 日，中共中央、国务院发出《关于制止向农民乱派款、乱收费的通知》。1990 年 2 月，国务院发出《关于切实减轻农民负担的通知》。1991 年 12 月，国务院颁布《农民承担费用和劳务管理条例》。1996 年，中共中央、国务院发布《关于切实做好减轻农民负担工作的决定》。2000 年 3 月，中共中央、国务院发出《关于进行农村税费改革试点工作的通知》。2003 年，中共中央、国务院发出《关于促进农民增加收入若干政策的意见》。

2005 年 12 月 29 日，第十届全国人民代表大会常务委员会第十九次会议决定，自 2006 年 1 月 1 日起废止《中华人民共和国农业税条例》。由此，国家不再针对农业单独征税，一个在我国存在 2000 多年的古老税种宣告终结。停止征收农业税是减轻农民负担的重要一招。大约 400 亿元的农业税虽然只占国家税收总额的 2%，但是以农业税为名头派生出从农民、农村、农业收取的各项税费品种繁多，令人眼花缭乱。取消农业税，减轻了农民负担。因此，取消农业税这项改革举措，不仅减少了工农业的"剪刀差"，增加了农民的公民权利，体现了现代税收中的公平原则，而且符合中国经济发展进入"工业反哺农业"新阶段的需求，有助于推动农业现代化。取消农业税标志着中国进入改革开放转型新时期。

第六章

开物成务的求真务实

做到求真务实、真抓实干，树立正确政绩观，敢于担当，勇于创新，坚持从实际出发谋划事业和工作，对个人的名誉、地位、利益，要想得透、看得淡、放得下，做到在务实中成长、在实干中进步。

——习近平在中央党的群团工作会议上的重要讲话（2015年7月6日）

新中国 70 年向世界贡献了开物成务的求真务实智慧。

开物成务的求真务实不仅是认识论，也是方法论，是辩证唯物主义世界观、方法论、认识论的中国式表达。

新中国 70 年的伟大历程与实践体现了开物成务的求真务实智慧。在思想品德上：要求实事求是，理论联系实际，一切从实际出发，具体问题具体分析，反对教条主义，反对本本主义；在工作方法上：要求重视调研，从群众中来，到群众中去，强调政策要重实效、重落实、重民生。

刻舟求剑，捞不到剑；东施效颦，变不了美人。只有求真务实，选择符合本国国情的发展道路，才能走出一条可持续发展的成功道路。

一、传统文化中开物成务的务实精神

"开物成务"的含义是指认识规律，按照规律办事，就能取得成功。"开"就是"开通，了解"；"务"就是"知晓万物之理，办好各类事情"。"开物成务"这个成语，出自《易·系辞上》："夫《易》，开物成务，冒天下之道，如斯而已者也。"明代科学家宋应星在《天工开物》中对"开物"进行了这样的解释，"开物"指人开发万物，即通过人的努力奋斗使万物升值。

"求真"，就是"求是"，就是解放思想，实事求是，与时俱进，认识事物的本质，把握事物的规律。"务实"，就是要在认识事物规律的基础上去实践。求真必须务实，务实的前提一定是求真。求真务实是马克思主义认识论的本质体现。

开物成务的务实精神体现了中国智慧注重经世致用、革故鼎新的品质。中国近代以后，务实精神更是被知识精英发掘利用，作为鼓舞民众维新与革命的精神武器。

（一）开物成务的务实精神提倡格物致知

"格物致知"的含义是参透事物本质，掌握知识本源。"格物"的含义是推究事物的道理，"格物"也可以理解为"透过现象看本质"，在"知其然"的基础上"知其所以然"，俗称"懂道理，讲道理"。

格物致知有两层含义。首先，格物致知是穷究事物道理的治学方法。程颢言："格，至也。穷理而至于物，则物理尽。""物来则知起，物各付物，不役其知，则意诚不动。意诚自定，则心正，始学之事也。"朱熹言："格，至也。物，犹事也。穷推至事物之理，欲其极处无不到也。"其次，格物致知是修齐治平、明德于天下的行动方式。《礼记·大学》有言，"致知在格物""物格而后知至"。

从《左传·襄公二十四年》提出的立德立功立言"三不朽"，到《礼记·大学》所述的格物、致知、诚意、正心、修身、齐家、治国、平天下，再到"为天地立心，为生民立命，为往圣继绝学，为万世开太平"。自古以来，中国知识阶层都有共同追求，就是通过自身修炼，塑造高尚人格，明辨是非，成就一番功业，绘制了一条从提升自我修养到融入社会发展、再到实现家国抱负的智慧之路。

（二）开物成务的务实精神提倡实事求是

"实事求是"这个成语出自《汉书·河间献王传》："修学好古，实事求是。"其含义是从实际对象出发，探求事物的内部联系及其发展的规律性，认识事物的本质，通常指按照事物的实际情况办事。

求真务实和实事求是，是中国传统农耕文化中较早形成的民族精神，是我们宝贵的精神财富。中国有悠久的农耕文明历史，农耕文明所具有的精耕细作的特点使得我们这个民族很早就形成了脚踏实地、不务虚名的务实精神，"以农为本""民以食为天"成为中国人的日常价值取向。章太炎指出："国民常性，所察在政事日用，所务在工商耕稼，志尽于有生，语绝于无验。"中国人注重"有生"、轻"来世"，"重实际而黜玄想"，浓重的农耕文化气息熏陶出了中国人的务实风格。

"实事求是"从中华传统文化与智慧上升到中国共产党的理论高度，是从延安整风运动开始的。毛泽东于 1941 年 5 月 19 日在延安干部会上所作的报告中首次使用了"实事求是"，提出了要以"实事求是"态度学习马克思列宁主义。毛泽东指出："'实事'就是客观存在着的一切事物，'是'就是客观事物的内部联系，即规律性，'求'就是我们去研究。"[1] 1943 年，延安中央党校的大礼堂将要竣工，学员们总感觉少了点儿什么。有人提议在礼堂正面的墙上挂校训题词，首先想到请中宣部的

---

[1] 毛泽东：《改造我们的学习》，《毛泽东选集》第三卷，人民出版社 1991 年版，第 801 页。

范文澜题词。范文澜试着写了几条都不满意，提议去找毛泽东。毛泽东欣然答应，沉思片刻，饱蘸浓墨，挥毫写下了"实事求是"4 个雄健潇洒的大字。[1]

改革开放以来，实事求是成为解放思想、破除束缚、推动中国发展的思想武器。1978 年 12 月 13 日，邓小平在中共中央工作会议闭幕会上提出"解放思想，开动脑筋，实事求是，团结一致向前看"。1982 年 9 月，党的十二大修改通过的党章第一次把"实事求是"作为党的思想路线的核心内容。党的十二大党章指出："党的思想路线是一切从实际出发，理论联系实际，实事求是，在实践中检验真理和发展真理。"

二、实事求是，开辟中国道路

无论是革命、建设，还是改革，中国共产党之所以能够取得一个又一个胜利，靠的就是始终坚持实事求是的正确思想路线，一切从实际出发，理论联系实际，实事求是，在实践中检验真理和发展真理，推动马克思主义中国化。实事求是始终是贯穿中国共产党的全部实践、全部理论的一条核心原则。一部中国革命、建设、改革的历史，就是中国共产党、中国人民、中华民族实事求是地认识中国、改造中国、建设中国、推动中国发展的历史。

马克思主义哲学要求一切从客观实际出发，理论联系实际，在实践中认识、把握和揭示事物发展的规律。这就是实事求是的内涵与本质要求。实事求是是对辩证唯物主义和历史唯物主义的高度概括，是马克思

---

〔1〕鹿海鹰：《领导人当校长的故事》，《领导文萃》2011 年第 1 期。

主义哲学的精髓。坚持马克思主义哲学，就要坚持实事求是。

自觉遵循党的思想路线就需要在坚持实事求是的基础上不断解放思想，与时俱进，求真务实，从而更好地认识、把握和运用客观规律，防范并化解教条主义和经验主义两种错误倾向。

坚持实事求是，就是坚持推动马克思主义中国化。以马克思主义科学的世界观和方法论为指导，立足中国革命、建设和改革实践的"实事"，"求"中国革命、建设和改革的"是"。

中国革命的胜利是马克思主义中国化的成果，是毛泽东思想的胜利。毛泽东思想是马克思列宁主义的基本理论与中国革命具体实践相结合的产物，是马克思主义中国化的第一个重大理论成果，是被实践证明了的正确的理论思想和经验总结。

在新民主主义革命时期，以毛泽东同志为主要代表的中国共产党人，坚持把马克思主义普遍真理同中国革命和建设的具体实践相结合，在艰辛探索中形成了新民主主义革命的理论与路线。

第一，坚持实事求是，就是坚持求真务实。实事求是的本质是求真务实，只有坚持实事求是，才能认识事物发展的规律，才能求真务实；求真务实的前提是实事求是，没有实事求是，就不可能求真务实。

第二，坚持实事求是，就是坚持与时俱进。世界是发展变化的，事物是普遍联系的。坚持实事求是，就要坚持事物自然的发展观与联系观，就要坚持与时俱进。与时俱进的实事求是充分体现了对真理绝对性与相对性的辩证关系的精准把握。

第三，坚持实事求是，就是坚持解放思想。之所以把解放思想作为实事求是的重要品质，是因为解放思想是本本主义的天敌。解放思想，可以更好地促进理论联系实际，更好地推动理论在实践中不断丰富与完善。

（一）科学社会主义的中国智慧

改革开放的胜利是马克思主义中国化的成果，是中国特色社会主义理论体系的胜利。中国特色社会主义理论体系，就是包括邓小平理论、"三个代表"重要思想、科学发展观以及习近平新时代中国特色社会主义思想在内的科学理论体系。坚持中国特色社会主义理论体系，就要坚持邓小平理论、"三个代表"重要思想、科学发展观，坚持习近平新时代中国特色社会主义思想。

1. 坚持中国特色社会主义道路

中国特色社会主义道路，就是在中国共产党领导下，立足基本国情，以经济建设为中心，坚持四项基本原则，坚持改革开放，解放和发展社会生产力，建设中国特色社会主义市场经济、社会主义民主政治、社会主义先进文化、社会主义和谐社会、社会主义生态文明，促进人的全面发展，逐步实现全体人民共同富裕，建设富强民主文明和谐美丽的社会主义现代化强国。

2. 坚持改革开放

坚持中国特色社会主义道路，就要坚持改革开放，反对两种错误观点。

第一种错误观点是认为没有改革开放也可以发展。2012 年 12 月 31 日，习近平总书记在主持十八届中央政治局第二次集体学习时作出了明确的回答：改革开放只有进行时没有完成时。没有改革开放，就没有中国的今天，也就没有中国的明天。改革开放中的矛盾只能用改革开放的办法来解决。

第二种错误观点是认为中国经济发展走出了一条与其他国家现代化完全不同的道路。改革与开放是中国经济发展与转型升级的"双轮"，缺一不可。改革的进程既是立足国情发展的过程，也是积极向世界学习一切先进技术与管理经验的过程。中国经济发展不是走出了一条与现代化发展完全不同的道路，而是走出了一条具有"中国特色"的现代化发展道路。

（二）"一国两制"的中国智慧

"一国两制"充满中国智慧，有着强大生命力，为国际社会解决类似问题带来有益启迪。

"一国两制"即"一个国家，两种制度"的简称。"一国两制"指的是在中华人民共和国内，国家的主体实行社会主义，香港、澳门和台湾实行资本主义。

第一，"一国两制"方针以"一个中国"为原则，并强调"中华人民共和国是代表中国的唯一合法政府"。世界上只有一个中国，台湾是中国不可分割的一部分，中央政府在北京。中国政府坚决反对任何旨在分裂中国主权和领土完整的言行，反对"两个中国""一中一台"或"一国两府"，反对一切可能导致"台湾独立"的企图和行径。海峡两岸的中国人民都主张只有一个中国，都拥护国家的统一，台湾作为中国不可分割的一部分的地位是确定的、不能改变的，不存在什么"自决"的问题。

第二，两制并存。在一个中国的前提下，大陆的社会主义制度和台湾的资本主义制度，实行长期共存，共同发展。这种考虑，主要是基于照顾台湾的现状和台湾同胞的实际利益。这将是中国国家体制的一大特色和重要创造。

1997 年 7 月 1 日零点，中英两国政府香港政权交接仪式在香港会议展览中心新翼举行，中华人民共和国国旗和香港特别行政区区旗在香港升起，中华人民共和国香港特别行政区随即成立，中国人民解放军驻港部队同时抵达香港各营区执行有效防务，标志着中国政府正式恢复对香港行使主权。经历了百年沧桑的香港回归祖国，标志着香港同胞从此成为祖国这块土地上的真正主人，香港的发展从此进入一个崭新的时代。

1999 年 12 月 20 日零点，中葡两国政府澳门政权交接仪式在澳门文化中心花园馆隆重举行。中国政府恢复对澳门行使主权，澳门回到了祖国母亲的怀抱，开启了历史发展的新纪元。回归后，澳门继续保持原有的资本主义制度不变，实行"澳人治澳"、高度自治，走上了一条符合自身实际情况，与内地优势互补、共同发展的宽广道路。

三、求真务实，实现中国梦

求真务实，要求从实际出发谋划事业和工作，使点子、政策、方案符合实际情况、符合客观规律、符合科学精神，不好高骛远。要求深入调查研究，增强看问题的眼力、谋事情的脑力、察民情的听力、走基层的脚力。世界第二大经济体不是喊出来的，而是实实在在干出来的。中国之所以能够创造改革开放的奇迹，靠的就是求真务实，真抓实干。

关于务实作风，习近平总书记有过很多生动的论述，比如"空谈误国、实干兴邦""发扬钉钉子精神""一分部署，九分落实""抓铁有痕、踏石留印"等。

（一）经济发展新常态的中国智慧

经济发展新常态——这是习近平新时代中国特色社会主义思想对发展态势的精准判断。

以求真务实的态度正确认识当前经济发展所处的历史阶段，以及经济发展的特点。党的十八大以来，中国经济发展出现了新特点：经济总量持续增加，经济增速开始回落。中国国内生产总值增速从双位数高速增长转向7%～8%的中高速增长，再转向6%～7%的中速增长。中国经济增速的这种变化被习近平总书记精准地定义为"新常态"。

"新常态"第一次被提及，是习近平总书记2014年5月在河南考察工作时发表的讲话。他指出："我国发展仍处于重要战略机遇期，我们要增强信心，从当前我国经济发展的阶段性特征出发，适应新常态，保持战略上的平常心态。"[1]

2014年12月5日召开的中央政治局会议明确提出："我国进入经济发展新常态，经济韧性好、潜力足、回旋空间大"，"经济发展新常态下出现的一些趋势性变化使经济社会发展面临不少困难和挑战"，"主动适应经济发展新常态，保持经济运行在合理区间"。

1. 经济发展新常态是对经济发展阶段的正确判断

科学认识当前形势，准确研判未来走势，必须历史地、辩证地认

---

〔1〕中共中央文献研究室：《习近平关于社会主义经济建设论述摘编》，中央文献出版社 2017 年版，第 73 页。

识我国经济发展的阶段性特征，准确把握经济发展新常态。从消费需求看，消费的个性化、多样化渐成主流；从投资需求看，新技术、新产品、新业态、新商业模式的投资机会大量涌现；从出口和国际收支看，过去低成本比较优势正在丧失，出口必须加紧培育新的比较优势；从生产能力和产业组织方式看，生产小型化、智能化、专业化将成为产业组织新特征；从生产要素相对优势看，人口红利正在消退，经济增长将更多依靠人力资本质量和技术进步，创新驱动成为发展新引擎；从市场竞争特点看，价格竞争正转向质量型、差异化为主的竞争；从资源环境约束看，绿色低碳循环发展成为新动力；从经济风险积累和化解看，各类隐性风险逐步显性化，风险总体可控，但化解以高杠杆和泡沫化为主要特征的各类风险将持续一段时间；从资源配置模式和宏观调控方式看，全面刺激政策的边际效果递减，供给侧结构性改革有助于全面化解产能过剩。

新常态是新挑战，也给中国带来新的发展机遇。首先，新常态下，中国经济增速虽然放缓，但是经过多年的高速增长，中国的经济体量已经今非昔比；其次，新常态下，中国经济增长更趋平稳，增长动力更为多元；最后，新常态下，随着政府简政放权，减税降费，市场活力进一步释放，中国经济结构将更趋优化，发展前景更加稳定。

2. 经济发展新常态推动发展理念与执政理念的转变

新常态要求推动经济发展理念与执政理念的转变。从过往一味强调国内生产总值增速转向重视国内生产总值质量；把各级政府从粗放型经济增长方式中解放出来，使中国经济从片面追求经济发展规模和速度转向更加注重经济发展质量和效益的轨道上来，实现经济和发展的良性循环，促进资源节约型和环境友好型社会建设。

2014 年 11 月 9 日，习近平主席在亚太经合组织工商领导人峰会开幕式上作题为《谋求持久发展 共筑亚太梦想》的主旨演讲，系统阐述了新常态。他指出："中国经济呈现出新常态，有几个主要特点。一是从高速增长转为中高速增长。二是经济结构不断优化升级，第三产业、消费需求逐步成为主体，城乡区域差距逐步缩小，居民收入占比上升，发展成果惠及更广大民众。三是从要素驱动、投资驱动转向创新驱动。新常态将给中国带来新的发展机遇。""新常态下，中国经济增长更趋平稳，增长动力更为多元。有人担心，中国经济增速会不会进一步回落、能不能爬坡过坎。风险确实有，但没那么可怕。中国经济的强韧性是防范风险的最有力支撑。我们创新宏观调控思路和方式，以目前确定的战略和所拥有的政策储备，我们有信心、有能力应对各种可能出现的风险。我们正在协同推进新型工业化、信息化、城镇化、农业现代化，这有利于化解各种'成长的烦恼'。中国经济更多依赖国内消费需求拉动，避免依赖出口的外部风险。"[1]

（二）全面开放新格局的中国智慧

全面开放新格局—— 这是习近平新时代中国特色社会主义思想的开放发展观。党的十九大报告诠释了全面开放新格局，全面开放新格局智慧体现在五个方面：第一，以"一带一路"建设为重点；第二，培育贸

---

〔1〕习近平：《在亚太经合组织工商领导人峰会开幕式上的演讲》，《人民日报》2014 年 11 月 10 日。

易新业态；第三，"引进来"和"走出去"并重；第四，创新对外投资方式；第五，优化区域开放布局。

1. 全面开放新格局要求加强同国际经贸规则对接，重视知识产权保护

全面开放新格局要求以建设法治化、国际化、便利化的营商环境为目标，营造公平开放、统一高效的市场环境，加强知识产权保护在内的产权保护，对包括外资企业在内的所有市场主体一视同仁。持续放宽市场准入，全面实行准入前国民待遇加负面清单管理制度，继续精简负面清单，抓紧完善外资相关法律。稳步扩大金融开放，持续推进服务业开放，深化农业、采矿业、制造业开放，加快电信、教育、医疗、文化等领域开放进程，放宽外资准入领域，放宽外资在教育、医疗等领域的股比限制。

2. 全面开放新格局要求加快推动从贸易大国转向建设贸易强国

建设贸易强国是推动形成全面开放新格局的有力抓手。当前我国对外贸易大而不强、粗放发展、质量效益偏低的问题依然突出。要积极培育贸易新业态、新模式、新技术，加快转变贸易发展方式，优化贸易结构。推动从以货物贸易为主向货物和服务贸易协调发展转变，深化服务贸易创新发展试点，大力发展新兴服务，不断提升服务质量和水平，促进服务贸易健康发展；推动从低附加值产品贸易向高附加值产品贸易转变，加快实施创新驱动发展战略，培育出口新增长极；推动从贴牌产品贸易向自主品牌产品贸易转变，加快培育以技术、标准、品牌、质量为核心的对外经济新优势。同时，要注重扩展出口市场，开拓欧美日以外的全球新市场，扩大进口，推动中国进出口贸易平衡发展。

第七章

上善若水、韬光养晦

　　2000多年前，老子说："上善若水，水利万物而不争"，意思就是说最高境界的善行就像水一样涓涓细流，泽被万物。

　　——习近平在亚太经合组织工商领导人峰会欢迎宴会上的致辞（2014年11月10日）

"仁者乐山，智者乐水。""水"往往与智者、智慧联系起来。水有什么特点？水到任何容器里，都可以融进去，然后变成那个容器的形状，水不跟它产生冲突，而是合二为一，这就是水的特点，也是水的智慧。"上善若水"这四个字，出自老子的《道德经》："上善若水。水善利万物而不争，处众人之所恶，故几于道。居善地，心善渊，与善仁，言善信，政善治，事善能，动善时。夫唯不争，故无尤。"这几句话的意思是：上善的人，就应该像水一样。水造福万物，滋养万物，却不与万物争高下，这才是最为谦虚的美德。《道德经》言："天下莫柔弱于水，而攻坚强者莫之能胜，以其无以易之。弱之胜强，柔之胜刚，天下莫不知，莫能行。"世界上最柔弱的莫过于水，最刚强的也莫过于水，弱与强合二为一，这就是辩证法，这就是智慧。

"上善若水"的治国理政智慧表现在几个方面。滴水穿石：坚持就是胜利，以柔克刚；以弱胜强：矛盾双方是可以转变的；水无常形：贴近实际，贴近民众，贴近时代，顺势而为。"上善若水"的为人处世智慧表现为能屈能伸的韬略。

"上善若水"往往与"韬光养晦"联系在一起。"韬光养晦"一词出自《旧唐书·宣宗纪》："历太和会昌朝，愈事韬晦，群居游处，未尝有言。"其含义是指隐藏才能，不使之外露。韬光养晦作为成语使用最早见于清朝末年。晚清思想家郑观应遁迹澳门在《盛世危言》的自序中写道："自顾年老长庸，粗知《易》理，亦急拟独善潜修，韬光养晦。"商务印书馆 2016 年出版的《现代汉语词典》（第七版）对这个成语的解释是"比喻隐藏才能，不使外露"。

韬光养晦的治国理政智慧表现为：一是养精蓄锐，休养生息；二是埋头苦干，着眼长远。"韬光养晦"的个人智慧表现为以退为进的计谋。

一、守道待时的中国智慧

"守道待时"的含义是时机来了要抓住，时机走了要放弃。白居易《与元九书》言："大丈夫所守者道，所待者时。时之来也，为云龙，为风鹏，勃然突然，陈力以出；时之不来也，为雾豹，为冥鸿，寂兮寥兮，奉身而退。进退出处，何往而不自得哉！"

游击战术"十六字诀"是守道待时智慧在军事实践的应用。毛泽东在《中国革命战争的战略问题》一文中写道："我们的战争是从一九二七年秋天开始的，当时根本没有经验。南昌起义、广州起义是失败了，秋收起义在湘鄂赣边界地区的部队，也打了几个败仗，转移到湘赣边界的井冈山地区。第二年四月，南昌起义失败后保存的部队，经过湘南也转到了井冈山。然而从一九二八年五月开始，适应当时情况的带着朴素性质的游击战争基本原则，已经产生出来了，那就是所谓'敌进我退，敌驻我扰，敌疲我打，敌退我追'的十六字诀。"[1]

（一）顺应"天时地利人和"

"天时地利人和"这句话，出自《孟子·公孙丑下》："天时不如地利，地利不如人和。"

改革开放以来，党中央在制定与调整政策时充分考虑了"天时地利人和"的综合因素，形成了具有中国特色的治国理政智慧。这一智慧体现在几个方面。在改革中：第一步进行经济体制改革；第二步进行社会、文化、教育、医疗等各领域体制的改革。在经济体制改革中：第一步进行农村改革；第二步进行国企改革；第三步进行价格体制改革、财税体制改革；第四步进行金融体制改革。在政治体制改革中：突破了把政治体制改革仅仅等同于选票改革的偏激观，强调根据中国国情，稳步有序推进中国特色社会主义政治体制改革。一方面，坚持和完善人民代表大会制度，推动社会主义民主建设；另一方面，加强推动中国共产党领导的多党合作和政治协商制度建设、社会主义法制建设、基层群众自治制度建设、民族区域自治制度、"一国两制"方针。

（二）"谦虚，谨慎，戒骄，戒躁"

1945年4月毛泽东在党的七大题为《两个中国之命运》的开幕词中说："我们应该谦虚，谨慎，戒骄，戒躁，全心全意地为中国人民服务，在现时，为着团结全国人民战胜日本侵略者，在将来，为着团结全国人

---

[1] 毛泽东：《中国革命战争的战略问题》，《毛泽东选集》第一卷，人民出版社1991年版，第204页。

民建设新民主主义的国家。"[1]"戒骄""戒躁"就是要宁静达观、豁达大度，顺境时居安思危，逆境处坚韧不拔，愈挫愈勇；就是要公平如水、安静如水，始终坚守公道正派，始终保持一颗平常心。

"戒骄""戒躁"，换一个角度看，就是遇到问题少指责他人多检讨自己，遇到困难少麻烦他人多依靠自身。习近平总书记多次强调"做好自己的事情"。

1. 做好自己的事情，就要把握大局大势，保持战略定力

当前，中国处于发展的重要战略机遇期，也面临着错综复杂的国际形势。既要看清楚国际国内各种不利因素的长期性、复杂性，又要认清有困难就有机会。一方面，做好应对各种困难局面的准备；另一方面，统筹研究部署，把握大局大势，把准前进方向，保持战略定力，集中精力办好我们自己的事情。

2. 做好自己的事情，就要看清有利条件，增强必胜信心

中国已经是世界第二大经济体，有13亿多人口的大市场，有改革开放以来持续高速发展积累的雄厚物质基础。中国经济是一片大海，而不是一个小池塘；狂风骤雨可以掀翻小池塘，但不能掀翻大海。

只要我们保持和发扬在长期革命斗争中形成的跨越时空、永不过时的伟大革命精神，不忘初心、牢记使命，砥砺奋进，就一定能让"中国号"巨轮劈波斩浪、行稳致远，在开启建设社会主义现代化国家的新征程上创造新的更大奇迹。

---

〔1〕毛泽东：《两个中国之命运》，《毛泽东选集》第三卷，人民出版社1991年版，第1027页。

二、发展进程中和平友好的国际环境

（一）"一带一路"建设的中国智慧

"一带一路"—— 这是习近平新时代中国特色社会主义思想的区域合作发展新思路。

全球化催生多边主义和自由贸易，为发展中国家提供发展的更多可能性。秉持多边贸易和双赢理念的"一带一路"顺应全球化，以及国际区域经济发展与合作的大趋势，促进了互利共赢，彰显了中国智慧，得到了国际社会的广泛支持。

2013 年 9 月，习近平主席在访问哈萨克斯坦期间，首次提出了建设新丝绸之路经济带的构想。中国重提丝绸之路，显然，并不旨在复制丝绸之路，而是赋予丝绸之路全新的内涵。"一带一路"准确而形象地表达了中国重视发展与中亚、俄罗斯、伊朗、土耳其乃至欧洲经贸关系的愿望。它既是沿线国家与地区经贸往来从量变到质变的一个飞跃，也是激活持续几千年"中国向西，欧洲向东"的欧亚梦，推动中欧、中亚、海湾、阿拉伯地区与中国、俄罗斯、伊朗、土耳其实现多边共赢的战略选择。

"一带一路"旨在借用古代丝绸之路的历史符号，高举和平发展的旗帜，积极发展与沿线国家的经济合作伙伴关系，共同打造政治互信、经济融合、文化包容的利益共同体、命运共同体和责任共同体；为欧亚之间的合作提供了新思考和新方向，在不确定因素日渐增多的国际环境下为世界稳定与繁荣开创了良好前景；提高互联互通水平，通过区域经济合作，鼓励向亚欧相对不发达的国家与地区投资，将各国经济连接起来，促进各国间经贸交往，推动全球再平衡，推行全球化的包容性发展，成为世界经济增长的"助推器"。

自提出"一带一路"倡议以来，至今已有 80 多个国家和国际组织同中国签署了合作协议。"一带一路"建设是党的十八大以来的重要举措，是新中国 70 年在国际区域合作与发展领域对世界的重大贡献。

"一带一路"蕴含的合作与发展智慧体现为：国际区域合作与发展要建立在共赢发展理念上；国际区域合作与发展要推动政策沟通、设施联通、贸易畅通、资金融通、民心相通；国际区域合作与发展要通过基建合作、经贸合作、金融合作，发挥沿线国家的资源禀赋；国际区域合作与发展最终要建立互利共赢的共享经济。

1. "一带一路"建设是扩大对外开放和进行对外开放顶层设计的重大举措

对外开放是中国的基本国策，是实现中华民族伟大复兴中国梦的必然选择。中国改革开放是当今世界最大的创新，"一带一路"建设是造福全人类的伟大事业，也是中国向世界提供的一项国际公共产品。

作为中国对外开放的顶层设计，"一带一路"建设源于中国而属于世界，既为中国发展提供动力，又为世界发展创造机遇。

2. "一带一路"建设是为破解人类发展难题而提供的中国方案

"一带一路"建设秉承共商共享共建的核心原则。恪守《联合国宪章》的宗旨和原则，遵守和平共处五项原则，坚持开放合作。推动"一带一路"建设与亚太经合组织、东盟、非盟、欧亚经济联盟、欧盟的发展规划对接，激发沿线国家的资源禀赋优势、产业优势和协同优势，促进区域内贸易创造和贸易联系。

3."一带一路"建设是建设新时代中国特色社会主义的伟大开放实践

"一带一路"建设是在后金融危机时代中国实行全方位开放的创新举措，通过"一带一路"建设，一方面推动沿线国家间实现共享发展，另一方面为中国经济带来了多重发展机遇。

"一带一路"建设拉动了中国基础设施、能源项目、制造业发展，同时也满足了沿线国家对于基础设施建设的旺盛需求。中国对外工程企业的建设质量高、速度快，有能力承揽大型铁路、公路、桥梁、隧道、电站、输变电线路以及互联网基础设施建设。中国企业走入"一带一路"，既可以满足当地经济发展的需要，又可以带动自身的发展。

关于"一带一路"，质疑声与支持声并存。面对质疑，"一带一路"建设的智慧表现为不是针锋相对，而是求真务实，真抓实干。以中国在埃塞俄比亚的基础设施建设为例，"一带一路"框架下的合作成果已经在埃塞俄比亚显露成效。其首都亚的斯亚贝巴轻轨已经建成，阿达玛风电一期、二期项目保障了电力供应，东非第一条电气化铁路亚吉铁路打通了货物出海通道……中国不仅提供贷款，而且参与建设，同时还培训当地人实现自主运营。这些举措让埃塞俄比亚能够从中获益，一个又一个类似的合作发展共赢案例，不仅回击了质疑者，也赢得了广大非洲国家的欢迎。

（二）开放型全球经济的中国智慧

全面建设开放型全球经济 —— 这是习近平新时代中国特色社会主义思想的共享发展新理念。

新中国 70 年见证了全球经济从封闭经济向开放经济发展、从局部开放向全面开放发展、从浅表开放向深度开放发展的过程。同时，新中国 70 年的发展也为构建平等、开放、合作、共享的全球经济治理体系贡献了中国智慧。

2013 年，《中共中央关于全面深化改革若干重大问题的决定》作出了构建开放型经济新体制的重要部署。在世界经济论坛 2017 年年会开幕式上，习近平主席发表了题为《共担时代责任　共促全球发展》的主旨演讲，为处于十字路口的全球化提供了中国方案，传递了中国智慧。

1. 建设开放型全球经济，要求放宽外商投资市场准入

多年来，虽然我国对外资管理方式进行了多项改革，但是审批环节多、政策多变、"玻璃门"等弊端，以及行政成本和营商成本较高的问题依然存在。外商投资管理体制改革的方向，就是要借鉴世界越来越多国家采取"准入前国民待遇"和"负面清单"的外资管理方式，最大限度减少和规范行政审批，纠正"重事前审批、轻事后监管"的倾向，赋予各类投资主体公平参与市场竞争的机会。

现阶段利用外资不是简单地引进资金，重要的是吸收国际投资中搭载的技术创新能力和先进管理经验，这对我国产业结构调整和经济转型升级至关重要。相比之下，我国服务业开放程度低，竞争力弱，仍是经济发展中的一块"短板"。壮大和发展服务业需要进一步深化改革、扩

大开放。重点是推进金融、教育、文化、医疗等服务业领域有序开放，放开育幼养老、建筑设计、会计审计、商贸物流、电子商务等服务业领域的外资准入限制。

中国自由贸易区建设就是针对外资管理方式，进一步扩大开放，建设开放型经济的重大举措。2013年8月22日，设立中国（上海）自由贸易试验区。2014年12月12日，设立中国（广东）自由贸易试验区、中国（福建）自由贸易试验区、中国（天津）自由贸易试验区。

自由贸易试验区的第一份负面清单来自上海自由贸易区，自由贸易区外资准入的负面清单6年5次"瘦身"，推出了包括扩大服务业开放、放开制造业、放宽农业和能源资源领域准入等一系列开放措施，最终形成《外商投资准入特别管理措施（负面清单）（2019年版）》和《自由贸易试验区外商投资准入特别管理措施（负面清单）（2019年版）》这两份"清单"，这充分显示了我国全面开放的底气和信心。

另外，在上海举办的中国国际进口博览会，是迄今为止世界上第一个以进口为主题的国家级展会，是国际贸易发展史上一大创举，充分体现了中国支持多边贸易体制、推动发展自由贸易的一贯立场，向世界展示了中国市场的巨大潜力，是中国推动建设开放型世界经济、支持经济全球化的实际行动。

比较进口博览会与广交会，可以看出新中国70年在进出口贸易上展示的中国智慧，进口博览会重进口，广交会重出口，两者分别代表了新中国不同发展阶段国民经济对进出口贸易的不同要求。广交会创办于1957年，最初的全称是"中国出口商品交易会"，自2007年4月第101届起，更名为"中国进出口商品交易会"，由单一出口平台变为进出口双向交易平台。尽管如此，出口依然是广交会的重点。

2. 建设开放型全球经济，要求改革对外投资管理体制

随着中国经济与全球经济融合发展，除了"引进来"，也要"走出去"，改革对外投资管理体制提上了议事日程。但是，对外投资管理体制主要涉及外汇管理体制、行政审批体制、融资体制和政策支持体系，涉及面广，问题复杂，既需要大胆改革，也需要配套改革。

2017 年，商务部等四部门联合发布了《关于进一步引导和规范境外投资方向的指导意见》，坚持"三个不动摇"，努力做到"三个确保"，推进境外投资管理体制机制的改革。具体而言，"三个不动摇"是，坚持对外开放战略方向不动摇，坚持推进"走出去"战略不动摇，坚持防范境外投资风险的原则不动摇。"三个确保"是，确保企业境外投资行稳致远，确保"一带一路"建设顺利推进，确保国家金融安全和经济安全。特别是针对我国企业境外非理性投资，以及对我国金融安全、国有资产安全等方面带来的风险隐患而确定了五大重点工作：第一，加强境外投资真实性审查，鼓励企业开展真实合规的境外投资，坚决遏制虚假、非理性的境外投资行为；第二，进一步完善境外投资备案报告管理制度，按照"鼓励发展＋负面清单"模式引导和规范企业境外投资行为；第三，加强境外投资事中事后监管，按照"放管服"的要求，适时启动境外投资领域"双随机、一公开"抽查工作，确保企业规范健康"走出去"；第四，积极推进境外投资立法，将境外投资引导、监管、规范、保障纳入法制化轨道；第五，健全公共服务体系，加强"走出去"公共服务平台建设，整合资源，实现"一站式"信息服务，

帮助企业更好防范和应对境外投资风险。

三、合作共赢中平等正义的共享发展

合作共赢是全球经济发展与全球治理的内在要求，中国的发展是世界的机遇。

共享发展是让每一个参与者都能够享受到发展所带来的利益。共享经济是将原先由于区域封锁、技术手段局限以及商业模式限制而无法参与经济活动与经济流通的生产生活资源，通过网络技术手段或者新的商业模式投入经济活动与经济流通中，重新产生经济价值与社会效益的经济模式。简单来说，共享经济是基于闲置资源使用权的精准匹配与连接，实现生产要素的社会化，提高存量资产的使用效率。共享经济打破了经济的区域限制、行业限制、专业限制，以及消费者与生产者的限制。

基于维基技术、用多种语言编写的维基百科全书，就是知识共享编辑的成功案例。分布式数据存储、点对点传输、共识机制、加密算法等计算机技术的新型应用模式——区块链，就是互联网与创新、法律、产业联系的全新业态，是共享经济在网络深化条件下形成的有关分工、流程、技术、投资、分配、结算链条不同环节的运作模式以及责权利划分。

第二次世界大战之后，产业内贸易成为国家贸易的主要形式，以跨国公司牵头的国际分工在全球范围内布局产业链，全球产业链形成，世界经济呈现"你中有我，我中有你"的新格局。随着互联网技术的发展，不同国家、不同地区的产业可以通过互联网实现联系。由此可见，共享经济与共享发展的基础是和平与发展的国际环境，也即没有和平的国际环境，不可能有跨国、跨区域的共享经济。同时，互联网发展为实现共享经济与共享发展提供了技术支持。

但是，国与国之间的共享经济与发展，不仅与国际环境有关、与技术发展有关，而且与国家的外交理念有关，后者更是决定是否形成共享经济与共享发展的关键因素。

和平与发展是当今时代的主题。和平与发展相辅相成，和平既是发展的条件，也是发展的目的，只有在和平的环境下才能实现社会、经济、文化的发展，为人民谋求福祉。如果发展水平不足或不均衡，就有可能引起分歧和冲突。

贫瘠的土地上长不成和平的大树，连天的烽火中结不出发展的硕果。"历史一再证明，没有和平就没有发展，没有稳定就没有繁荣。"[1] 2016 年 9 月 3 日，在二十国集团工商峰会开幕式上，习近平主席呼吁二十国集团成员坚定信念、立即行动，推动世界经济走上强劲、可持续、平衡、包容增长之路，共同维护和平稳定的国际环境。

（一）推动构建新型国际关系的中国智慧

新型国际关系思想内涵丰富，是新时代中国特色大国外交的实践创新与理论总结，将有助于开创中国与世界各国合作共赢的国际关系健康发展新局面。首先，新型国际关系思想植根于中国优秀的传统文化，构建新型国际关系体现了中国文化"天下为公""仁者爱人""重义轻

---

〔1〕习近平：《中国发展新起点 全球增长新蓝图》，《人民日报》2016 年 9 月 4 日。

利""兼济天下""以和为贵"等重要理念。其次，新型国际关系思想顺应了当今世界的时代潮流。经济上，全球化受阻与逆全球化回潮，贸易保护主义有所抬头；安全上，大国之间发生战争的可能性大为降低，但局部地区武装冲突时有发生；文化上，多元文化并存，各种文化之间的碰撞与融合增加，宗教矛盾、民族矛盾等成为国际冲突的重要根源。最后，新型国际关系思想是和平发展外交的延续，是基于多年外交实践与经验的升华，与和平共处五项原则、和平发展道路等一脉相承。

上海合作组织树立了新型国际关系的典范。它是中国、俄罗斯、哈萨克斯坦、吉尔吉斯斯坦、塔吉克斯坦、乌兹别克斯坦于 2001 年 6 月 15 日在中国上海宣布成立的永久性政府间国际组织。上海合作组织的宗旨和原则体现在"上海精神"，即"互信、互利、平等、协商、尊重多样文明、谋求共同发展"。它的成立加强了各成员国之间的相互信任与睦邻友好；推动了成员国在政治、经贸、科技、文化、教育、能源、交通、旅游、环保及其他领域的有效合作；维护和保障了地区的和平、安全与稳定。目前，上海合作组织已成为人口最多、地域最广、潜力巨大的跨区域多边综合性组织。

1. 新型国际关系思想强调以互相尊重为前提

互相尊重不仅反映了中国文化推崇"仁者爱人"，主张"己欲立而立人，己欲达而达人"的睿智理念，而且是中国外交一贯坚持的和平共处五项原则的发扬光大。互相尊重体现了各国文化"求同存异，和谐共存，多元互鉴"的中国主张，体现了不认可文明冲突、提倡文明对话的全新理念。

2. 新型国际关系思想强调以公平正义为准则

新型国际关系反对"弱肉强食"的丛林法则，倡导国际关系民主化，主张强弱守望相助、贫富共同发展；主张推动发展中国家在国际制度和全球治理中的话语权从程序公平走向分配公平，真正实现公平正义。

第二次世界大战后，国际社会建立起了以联合国为核心，包括世贸组织、世界银行、国际货币基金组织在内的多边协调与合作机制，有效维护了世界和平，促进了全球经济发展。

然而，进入21世纪以来，面对全球化形成了两种社会思潮。一种社会思潮认为应该继续推进全球化，同时加强全球合作，克服全球化过程中出现的问题；另一种社会思潮反对全球化，单边主义、孤立主义和贸易保护主义抬头，严重冲击现有国际秩序，破坏多边主义和多边贸易体制和规则，加剧全球经济的不稳定性和不确定性。个别国家打着保护本国就业、产业优势的旗号，无视世贸组织规则，扰乱了国际经济金融秩序。

新型国际关系思想主张的公平正义，不是针对个别国家的公平正义，而是针对全世界所有国家的公平正义。

3. 新型国际关系思想强调以合作共赢为目标

新型国际关系呼吁摒弃零和博弈、赢者通吃的旧思维，倡导共谋发展、互利互惠的新思路，主张以合作共赢的理念来促进国际合作。在国际合作中坚持互惠互利、相得益彰，让合作各方都有所获或各得其所。

当今国际上还存在着用零和思维处理国际关系的情况，新型国际关系思想与外交理念，无疑给国际合作和国际新秩序的构建确定了全新视角。

新型国际关系思想主张的共赢，不仅仅是停留在条约、协议、文字上的共赢，而且是推动每一个参与国际合作的国家都能享受到合作与发展的成果。国家无论大小，发展无论先后，基础无论好坏，凡是合作则互利，凡是合作则共赢。

（二）积极发展全球伙伴关系的中国智慧

积极发展全球伙伴关系的中国智慧体现在：重视大国关系和加强与发展中国家的关系。

中国积极搭建全球"朋友圈"，扩大同各国的利益交汇点，寻找在各个领域的利益共同点。中国提出的"新型伙伴关系"理念是在经验总结基础上的创新成果，具有"不预设假想敌、不针对第三方"的特点。一方面，承袭中国外交一贯宗旨原则；另一方面，符合顺应人类社会、国际体系的发展趋势和普遍期待。

1. 重视大国关系

世界格局多元化趋势并不能弱化大国在世界和平与发展进程中发挥的决定性作用，大国关系是主导国际关系发展态势的决定性力量，因此，发展同其他大国的关系，建设总体稳定、均衡发展的大国关系，是中国特色大国外交战略布局的关键环节。

（1）中美关系

在大国双边关系中，中美关系是最为重要也是最为复杂的，中美关系不仅直接影响两国人民的福祉，也影响整个世界的和平与发展。作为全球两大经济体，审视中美经贸关系必须立足全球视角。中美建交以来，两国抓住了世界经济一体化和贸易投资自由化的历史机遇，充分发挥两国经济的巨大互补优势，推动了双边经贸合作从无到有、从小到大、从单一到多元的跨越式发展。中美双边的货物贸易从建交时的25亿美元，扩大到2018年的6335亿美元，增长252倍，双边服务贸易额也达到1250亿美元，双向直接投资接近1600亿美元。2019年6月2日，国务院新闻办公室发表的《关于中美经贸磋商的中方立场》白皮书指出："中美经贸关系是两国关系的'压舱石'和'推进器'，事关两国人民根本利益，事关世界繁荣与稳定。""中美合则两利，斗则俱伤，合作是双方唯一正确的选择。"推动中美两国关系良性发展，符合两国及两国人民利益，也是和平与发展的现实要求。中美关系的发展成就来之不易，两国人民都受益于此，两国应继续坚持合作双赢的发展互惠之道，坚持大局稳定的和平共处之道。始终维护中美关系大局稳定，不断促进中美关系友好发展，需要耐心，更需要智慧。

（2）中俄关系

中俄两国已建立起平等信任、相互支持、共同繁荣、世代友好的全面战略协作伙伴关系，两国关系始终保持在高水平上运行，不断迈上新台阶。2013年3月22日至24日，习近平主席对俄罗斯进行国事访问，两国元首共同签署《中华人民共和国和俄罗斯联邦关于合作共赢、深化全面战略协作伙伴关系的联合声明》。声明指出："中俄关系已达到前所未有的高水平，为大国间和谐共处树立了典范，在当今国际关系中为促进地区乃至世界和平与安全发挥着重要的稳定作用。"之后，中俄关系不断深化发展。2019 年 6 月 5 日至 7 日，习近平主席再次对俄罗斯进行国事访问。两国元首共同签署《中华人民共和国和俄罗斯联邦关于发展新时代全面战略协作伙伴关系的联合声明》。声明指出："中俄关系进入新时代，迎来更大发展的新机遇。"双方宣布："将致力于发展中俄新时代全面战略协作伙伴关系。"

（3）中欧关系

欧盟是全球最大的发达国家联合体，已经连续 15 年保持中国最大贸易伙伴地位，是中国第一大引进技术来源地，长期以来，中欧贸易额占中国对外贸易总额约 20%，中欧关系处于历史最好发展时期。中欧在国际上有较多的契合点，欧盟强调秩序、规则，看重多边主义和自由贸易，重视应对全球气候变化，倡导可持续发展，中国秉持与欧盟相同的立场，中欧共同利益和共识正在不断增多。中欧之间没有根本性的战略冲突，两大市场、两大文明的交流与合作，不仅推动了中欧各自的发展，而且促进了世界经济发展。自 2011 年 3 月首列中欧班列开通以来，中欧班列已成为中欧贸易的重要通道，成功唤醒了古丝绸之路的活力。截至 2018 年 6 月底，中欧班列累计开行量已突破 9000 列，运送货物近80 万标箱。中欧班列拉近了中欧陆上运输的距离，改变了"一带一路"沿线的物流与贸易模式，推动中欧合作，以及中欧与"一带一路"沿线地区的合作。

另外，中国－东盟、中日韩、东盟与中日韩（10+3）等合作机制保持良好发展势头。

2. 加强与发展中国家的关系

中国始终把加强同发展中国家的团结合作作为外交政策的基本立足点，始终秉持正确义利观，大力推进与发展中国家团结合作。其中，澜湄合作机制、中非合作论坛，都是加强同发展中国家合作的典范。

澜湄合作，是指中国、柬埔寨、老挝、缅甸、泰国、越南六国围绕澜沧江－湄公河流域实施可持续开发和开展互惠务实合作。推进澜湄合作有助于进一步深化睦邻友好关系，促进成员国经济社会发展，缩小地区发展差距，推动东盟共同体建设和区域一体化进程，打造应对非传统安全挑战的南南合作新典范，落实建设亚洲命运共同体战略构想。

中非合作论坛成立于 2000 年，是我国和非洲国家之间在南南合作范畴内的集体对话机制。2018 年 9 月 3 日至 4 日，在北京举行的第七届中非合作论坛北京峰会确定的主题为"合作共赢，携手构建更加紧密的中非命运共同体"。会议通过《关于构建更加紧密的中非命运共同体的北京宣言》和《中非合作论坛——北京行动计划（2019—2021 年）》，确定了共同打造责任共担、合作共赢、幸福共享、文化共兴、安全共筑、和谐共生的中非命运共同体，重点实施好产业促进、设施联通、贸易便利、绿色发展、能力建设、健康卫生、人文交流、和平安全"八大行动"。

如上务实举措，一方面体现了中国积极发展全球伙伴关系，加强同发展中国家团结合作；另一方面推动了非洲基础设施、农业、制造业和中小企业发展，促进了非洲的繁荣稳定。中国与发展中国家将"共同发展，集约发展，绿色发展，安全发展，开放发展"理念付诸行动，创造了国际区域合作与发展的典范。

第八章

天下为公的大同理想

　　"大道之行也，天下为公。"和平、发展、公平、正义、民主、自由，是全人类的共同价值，也是联合国的崇高目标。目标远未完成，我们仍须努力。

　　——习近平在美国纽约联合国总部举行的第 70 届联合国大会一般性辩论时的讲话（2015 年 9 月 28 日）

天下为公的大同理想不仅凝聚着中国传统智慧，而且也是新中国70年向世界贡献的中国智慧。治国理政中天下为公的大同理想要求：一是树立奋斗目标；二是鼓励为理想奋斗，没有理想是可悲的，对理想没有坚定不移、矢志不渝的追求同样可悲；三是提倡人民至上，天下为公。

“大同社会”是中国古代对理想社会的一种称谓。大同社会是中国古人描述并向往的理想社会。这种思想源远流长，最早出自《礼记·礼运》。大同理想的社会是什么状态？那就是“天下为公”。《礼记·礼运》言：“大道之行也，天下为公。选贤与能，讲信修睦。”

一、传统文化中天下为公的大同理想

天下为公的大同理想，反映了人们对动乱与战争的厌恶，也反映了对“耕者有其田”的安定生活的向往。道家提出“小国寡民”理想，主张理想社会是由许多互相隔绝的“小国”构成的，每一个小国里的人民都从事着极端落后的农业生产以维持生存，“鸡犬相闻”“老死不相往来”。农家提出“并耕而食”理想，主张人人劳动，没有剥削；社会生产基本上以自给自足的农业为主，没有商业欺诈；不存在脑力劳动和体力劳动之间的分工，不存在专业的脑力劳动者，君主和人民"并耕而食"。儒家的"大同"理想主张没有私有制，人人为社会劳动而不是"为己"；一切有劳动能力的人都有机会充分发挥自己的才能，没有特权和世袭制，一切担任公职的人员都由群众推选；社会秩序安定，夜不闭户，路不拾遗。

1840年鸦片战争以后，中国进入了社会剧烈变动的时期。大同理想再次浮出水面，成为人们追求的理想与寄托。康有为在《大同书》中设想未来大同社会没有剥削，男女平等，消灭家庭，废除国界，全世界统一于一个"公政府"之下。孙中山将大同理想与西方民本思想、社会主义思潮结合起来，提出具有民权意识与平权思想的世界大同理想，并题词"天下为公"四个大字表达自己的理想追求。

天下为公的大同理想传递着对"公平"的追求。公平不是平均主义，而是创造让每个人可以自由发展的公平环境。在大同理想中，人与人没有贫富贵贱之分，没有阶级压迫，没有倚强凌弱，人人友爱互助，家家安居乐业。

马克思、恩格斯在《共产党宣言》中形象地把社会主义和共产主义称为"自由人联合体"，"代替那存在着阶级和阶级对立的资产阶级旧社会的，将是这样一个联合体，在那里，每个人的自由发展是一切人的自由发展的条件"[1]。

---

〔1〕马克思、恩格斯：《共产党宣言》，《马克思恩格斯选集》第一卷，人民出版社2012年版，第422页。

（一）发展经济

中国自古是一个农业大国，历史上有过辉煌的农耕文明，而发展经济主要体现在推动农业生产发展。

1. 中国古代的经济发展思想主要是农本思想

农本思想认为农业是治国安邦的根本大计，要把发展农业放在第一位。在处理农业与商业的关系上，中国历代统治者的基本经济发展思想是重视农业、以农为本，限制工商业的发展。自战国时期形成"奖耕战""抑商贾"，秦汉后"重农抑商""崇本抑末"，到宋元"专卖"法乃至明清"海禁"，均是重农抑商的表现。"重农抑商"推动了生产力的发展。15世纪西方资本主义工商业萌芽出现，西方鼓励资本主义工商业发展，而明清统治者抑制资本主义工商业的发展，在19世纪东西方交流与碰撞中落败。其实，这不是农本思想本身的错，也不能归咎于"重农抑商"政策，最重要的原因是统治者未能与时偕行地调整政策，进行变革。

2. 中国古代农本思想的两个要点

（1）重视土地分配

土地是农业最基本的生产资料，是农民的命根子。土地问题也是社会矛盾和阶级斗争的焦点。从地权兼并程度这个视角看中国朝代更迭，可以发现这样一个规律：王朝初创时，农民都拥有土地，王朝统治进入末期，农村土地兼并严重，大批农民失去土地，土地集中到大地主手中，一旦遇到天灾人祸，走投无路的农民自然会被逼上"梁山"，开始暴动、起义，随后朝代更迭，一个新的王朝建立。因此，中国古代历代统治者都把解决农民土地问题作为执政的第一要务。

（2）重视发展水利

古代农业"靠天吃饭"，水利工程对农业生产至关重要。李冰父子兴修的都江堰就是中国古代社会早期的重大水利工程。盛唐时期制定的水利灌溉法规《水部式》，对水资源的利用、分配、节约等内容有着较为详细的规定。

（二）小康社会

小康社会是天下为公的大同理想的基本目标。如果把小康理解为"仓廪实"与"衣食足"，那么和谐社会则更多地强调"知礼节"与"知廉耻"。小康社会与和谐社会不是对立的，而是叠加的。小康社会与和谐社会都是生产力发展、社会进步的产物，反过来又进一步促进物质文明与精神文明不断迈上新的台阶。

1. 小康社会是解决了温饱的和谐社会

邓小平设想的小康社会是在解决温饱基础上有些富裕，20世纪末人均国民生产总值达到1000美元。1979年12月6日，邓小平在会见日本首相大平正芳时第一次提出了"小康"概念。邓小平说："我们要实现的四个现代化，是中国式的四个现代化。我们的四个现代化的概念，不是像你们那样的现代化的概念，而是'小康之家'。到本世纪末，中国的四个现代化即使达到了某种目标，我们的国民生产总值人均水平也还是很低的。要达到第三世界中比较富裕一点的国家的水平，比如国民生产总值人均一千美元，也还得付出很大的努力。"[1]党的十二大正式引用了这一概念，并把"小康社会"作为 20 世纪末的战略目标。

在此基础上，胡锦涛提出了"社会主义和谐社会"。2006 年 10 月，党的十六届六中全会审议通过《中共中央关于构建社会主义和谐社会若干重大问题的决定》，提出了到 2020 年构建社会主义和谐社会的美好目标。

2. 全面建成小康社会是实现中华民族伟大复兴中国梦的关键一招

2012 年党的十八大报告首次正式提出全面建成小康社会。党的十八大报告提出了为全面建成小康社会而奋斗的任务与目标。全面小康与邓小平设想的"小康"，或者称之为"总体小康"，是有差异的。首先，总体小康是一个较低标准的小康，全面小康是一个较高标准的小康；其次，总体小康社会是一个偏重于物质消费的小康社会，全面小康社会除了注重物质生活提高外，还特别注意人们的精神生活、所享受的民主权利，以及生活环境的改善等方面，实现社会全面进步；最后，总体小康是一个发展较为不均衡的小康，全面小康是一个发展均衡的小康。

2017 年党的十九大报告提出当前是全面建成小康社会决胜期。全面建成小康社会是实现中华民族伟大复兴的关键一招。

从总体小康到全面小康，可以看出循序渐进的中国智慧。在 20 世纪 70 年代末的经济发展水平下，总体小康已经是令人鼓舞的发展目标

---

〔1〕邓小平：《中国本世纪的目标是实现小康》，《邓小平文选》第二卷，人民出版社 1994 年版，第 237 页。

了。如果当时就提出全面小康的发展目标，那么既不容易被人们理解，也不利于鼓舞人气、团结人心。在中国经济持续高速发展，人均国内生产总值已经超过总体小康的标准之后，适时用全面小康代替总体小康，充分体现了中国智慧的精妙之处。

二、小康社会中全面和谐的社会文明

社会文明是社会领域的进步程度和社会建设的积极成果，包括社会主体文明、社会关系文明、社会观念文明、社会制度文明、社会行为文明等方面。党的十七大提出建设"五个文明"，即物质文明、政治文明、精神文明、社会文明、生态文明。

习近平总书记在庆祝改革开放 40 周年大会上的讲话中高度地概括了小康社会中全面和谐的社会文明的发展成果。他指出："40 年来，我们始终坚持在发展中保障和改善民生，全面推进幼有所育、学有所教、劳有所得、病有所医、老有所养、住有所居、弱有所扶，不断改善人民生活、增进人民福祉。全国居民人均可支配收入由 171 元增加到 2.6 万元，中等收入群体持续扩大。我国贫困人口累计减少 7.4 亿人，贫困发生率下降 94.4 个百分点，谱写了人类反贫困史上的辉煌篇章。教育事业全面发展，九年义务教育巩固率达 93.8%。我国建成了包括养老、医疗、低保、住房在内的世界最大的社会保障体系，基本养老保险覆盖超过 9 亿人，医疗保险覆盖超过 13 亿人。常住人口城镇化率达到 58.52%，上升 40.6 个百分点。居民预期寿命由 1981 年的 67.8 岁提高到 2017 年的 76.7 岁。我国社会大局保持长期稳定，成为世界上最有安全感的国家之一。粮票、布票、肉票、鱼票、油票、豆腐票、副食本、工业券等百姓生活曾经离不开的票证已经进入了历史博物馆，忍饥挨饿、缺吃少穿、生活困顿这些几千年来困扰我国人民的问题总体上一去不复返了！"[1]

（一）多层次社保体系的中国智慧

社会保障体系有助于弥补市场经济的不足，为企业创造平等的竞争条件，解除了劳动者的后顾之忧，促进社会和谐。它是民生安全网、社会稳定器，与人民幸福息息相关，关系国家长治久安。

改革开放以来，我国社会保障体系建设与发展过程并不是"从无到有"的过程，而是从不均等化到均等化的过程。在计划经济体制下，虽然不存在现代意义上的社会保障制度，但是劳动者依然有医疗、退休等相关保障制度。只不过，保障体系水平低、覆盖面小，存在城乡之间的差别，存在全民所有制与集体所有制之间的差别，存在就业与待业的差别。

改革开放推动了以基本公共服务均等化为路径构建的社会保障体系。中国特色的社会保障体系是中国特色社会主义的重要组成部分，体现了"以人民为中心"的改革发展观。

党的十六大明确地把"社会保障体系比较健全"作为全面建设小康社会的目标之一。党的十九大报告提出："加强社会保障体系建设。按照兜底线、织密网、建机制的要求，全面建成覆盖全民、城乡统筹、权

---

[1] 习近平：《在庆祝改革开放 40 周年大会上的讲话》，《人民日报》2018 年 12 月 19 日。

责清晰、保障适度、可持续的多层次社会保障体系。"

1. 建成多层次社保体系要实施全民参保计划

社会保障覆盖率是衡量全面建成小康社会的基本指标之一。全面实施全民参保计划，是实现覆盖全民目标、促进人人享有基本社会保障最重要的举措。党的十八大以来，各项保险参保人数持续增长，基本养老保险参保人数超过 9 亿人，基本医疗保险覆盖人数超过 13 亿人，全民医保基本实现。当前，扩大参保覆盖范围的重点是中小微企业和广大农民工、灵活就业人员、新就业形态人员、未参保居民等群体。

2. 实施建成多层次社保体系要完善基本养老保险制度

养老保险制度对于保障退休人员和老年居民基本生活有着十分重要的意义，要尽快实现养老保险全国统筹。党的十八大以来，机关事业单位养老保险制度改革积极推进，统一的城乡居民基本养老保险制度全面实施，养老保险基金启动投资运营，企业退休人员基本养老金水平连续提高，有效保障了退休人员的基本生活。今后一个时期，为积极应对人口老龄化，必须全面推进养老保险制度改革。继续完善社会统筹与个人账户相结合的城镇职工基本养老保险制度。进一步规范职工和城乡居民基本养老保险缴费政策，健全参保缴费激励约束机制。推进养老保险基金投资运营，努力实现基金保值增值。积极稳妥推进划转部分国有资本充实社保基金，进一步夯实制度可持续运行的物质基础。逐步建立待遇正常调整机制，统筹有序提高退休人员基本养老金和城乡居民基础养老金标准。加快发展职业（企业）年金，鼓励发展个人储蓄性养老保险和商业养老保险。针对人口老龄化加速发展的趋势，适时研究出台渐进式延迟退休年龄等应对措施。

3. 建成多层次社保体系要完善基本医疗保险制度和大病保险制度

医疗保险制度对于保障群众就医需求、减轻群众医药费用负担、提高群众健康水平有着重要作用。党的十八大以来，积极整合城乡居民基本医保制度，全面建立城乡居民大病保险制度，基本实现异地就医住院费用直接结算，整体推进支付方式改革，医保在医改中的基础性作用进一步发挥。今后一个时期，为协同助推医改，促进全民健康，必须持续深化医保制度改革。全面统一城乡居民基本医保制度和管理体制，实现经办服务一体化。深化支付方式改革，建立完善适应不同人群、疾病、服务特点的多元复合支付方式。

4. 建成多层次社保体系要完善失业、工伤保险制度

失业保险、工伤保险制度对于维护失业人员和工伤人员的基本权益有着非常重要的作用。党的十八大以来，失业保险预防失业、促进就业的作用明显增强，预防、补偿、康复"三位一体"的工伤保险制度体系初步形成。今后一个时期，要建立健全失业保险费率调整与经济社会发展的联动机制，完善失业保险金标准调整机制，放宽申领条件，落实稳岗补贴、技能提升补贴政策。积极实施工伤保险基金省级统筹，全面推开工伤预防工作，促进待遇调整机制科学化、规范化。

5.建成多层次社保体系要建立全国统一的社会保险公共服务平台

社会保险公共服务是党和政府联系群众的纽带，直接关系各项社会保险政策实施效果。党的十八大以来，社会保险公共服务规范化、信息化、专业化建设不断加强，从中央到乡镇的五级管理体系和服务网络基本形成。信息技术得到广泛应用，社会保障卡持卡发行量超过 10 亿张，人民群众享受到了更加便捷的服务。随着社会保障制度逐步完善，人民群众对优质高效的公共服务有着更高期盼。要建立各项社会保险全国统一的公共服务平台，以全国一体的社会保险经办服务体系和信息系统为依托，以社会保障卡为载体，以实体窗口、互联网平台、电话咨询、自助查询等多种方式为服务手段，为参保单位和参保人员提供全网式、全流程的方便快捷服务，提高社会保险公共服务水平。

6.建成多层次社保体系要统筹城乡社会救助体系

完善最低生活保障制度，完善社会救助、社会福利、慈善事业、优抚安置等制度。这些都是解除困难群体生存危机、维护社会底线公平的重要制度安排。党的十八大以来，社会救助法制化水平显著提升，低保规范管理机制不断完善，各项救助水平稳步提高，社会福利、慈善事业和优抚安置等制度持续推进。今后一个时期，要强化基本民生保障，兜住民生底线，不断提升保障水平。完善最低生活保障制度，推进城乡低保统筹发展，确保动态管理下的应保尽保。建立健全残疾人基本福利制度，完善扶残助残服务体系，全面提升儿童福利服务水平。激发慈善主体发展活力，规范慈善主体行为，完善监管体系。完善优待、抚恤、安置等基本制度。[1]

（二）人民健康优先发展的中国智慧

1. 健康中国战略体现了以人民为中心

党的十七大对全面建设小康社会提出了新的要求，把人人享有基本医疗卫生服务作为加快发展社会事业和全面改善人民生活的重要目标。党的十八大以来，以习近平同志为核心的党中央把全民健康作为全面小康的重要基础，强调把人民健康放在优先发展的战略位置。党的十九大提出"实施健康中国战略"。

2. 实施健康中国战略是一个循序渐进的过程

实施健康中国战略要完善国民健康政策，为人民群众提供全方位全周期的健康服务。深化医药卫生体制改革，全面建立中国特色基本医疗卫生制度、医疗保障制度和优质高效的医疗卫生服务体系，健全现代医院管理制度。加强基层医疗卫生服务体系和全科医生队伍建设。全面取消以药养医，健全药品供应保障制度。坚持预防为主，深入开展爱国卫生运动，倡导健康文明生活方式，预防控制重大疾病。实施食品安全战略，让人民吃得放心。坚持中西医并重，传承发展中医药事业。支持社会办医，发展健康产业。促进生育政策和相关经济社会政策配套衔接，加强人口发展战略研究。积极应对人口老龄化，构建养老、孝老、敬老政策体系和社会环境，推进医养结合，加快老龄事业和产业发展。

---

〔1〕参见《全面建成多层次社会保障体系》，《人民日报》2018年1月9日。

美国著名经济学家保罗·皮尔泽在《财富第五波》中将健康产业称为继 IT 产业之后的全球"财富第五波"。健康产业是一种有巨大市场潜力的新兴产业，涉及医药产品、保健用品、营养食品、医疗器械、保健器具、休闲健身、健康管理、健康咨询等多个与人类健康紧密相关的生产和服务领域。

（三）全民住有所居的中国智慧[1]

习近平总书记在党的十九大报告中强调："坚持房子是用来住的、不是用来炒的定位，加快建立多主体供给、多渠道保障、租购并举的住房制度，让全体人民住有所居。"这为住房制度改革指明了方向、路径、目标。只有建立多主体供给、多渠道保障、租购并举的住房制度，才能保持房子"居住"的基本属性，才能实现全体人民住有所居的宏伟目标。

1.建立多主体供给、多渠道保障、租购并举的住房制度，顺应了住房领域需求变化

习近平总书记在党的十九大报告中指出："我国社会主要矛盾已经转化为人民日益增长的美好生活需要和不平衡不充分的发展之间的矛盾。"住房领域表现尤为突出。20 世纪 90 年代住房制度开始改革以来，人民群众住房条件大为改观，但不平衡的矛盾日益凸显，解决住房问题必须直面群众对美好生活的追求，坚持在发展中保障和改善居住条件。建立多主体供给、多渠道保障、租购并举的住房制度，顺应了群众住房需求变化，住房制度覆盖面将从局部转向全部，改革重心将从保障困难

---

〔1〕参见《党的十九大报告学习辅导百问》，党建读物出版社、学习出版社 2017 年版，第 147—148 页。

群体有房可住转向全体人民住得更好。这就要求住房制度改革与新型城镇化发展需要同频，因地制宜、因城施策，引导住房需求合理分布，与规划、公共服务制度等改革共振，优化城市空间结构，均衡配置公共资源，统筹解决群众住房及衍生需求。

2. 建立多主体供给、多渠道保障、租购并举的住房制度，标志着住房供应保障体系更加多元

从供给侧看，市场主要提供商品住房和租赁住房，重点发展住房租赁市场，推进"租售同权"；政府主要提供共有产权住房、公共租赁住房、棚改安置住房等保障性住房，完善准入退出机制，共同构成覆盖不同群体、相互衔接、满足多层次需求的住房供应体制。从需求侧看，政府通过完善住房公积金制度、差别化信贷政策等手段支持群众市场化住房的合理需求，通过实物配租、货币补助等方式满足保障性住房的基本需求。

3. 建立多主体供给、多渠道保障、租购并举的住房制度，意味着调控手段更加强调综合施策

要始终遵循习近平总书记多次强调的"房子是用来住的、不是用来炒的"，行政和经济手段都应聚焦这一基本导向。在土地供应制度方面，要完善土地供给方式，合理确定土地供给规模，有效控制土地价格；在金融财税政策方面，要综合运用货币、信贷、宏观审慎和微观监管政策，平衡好房地产行业与其他行业资金配置，加强对房地产开发、交易和持有环节的财税调节，引导合理开发、合理消费；在市场监管方面，要加强对房地产开发企业、中介机构的管理，推动企业诚实守信、依法经营，确保信息全面准确真实公开，建立评价预警机制，实现对住

房供给交易的动态监测、科学研判、有效调节。

（四）办好人民满意的教育的中国智慧

教育是国之大计、党之大计。党的十八大以来，以习近平同志为核心的党中央全面加强党对教育工作的领导，坚持立德树人，加强学校思想政治工作，推进教育改革，加快补齐教育短板，教育事业中国特色更加鲜明，教育现代化加速推进，教育方面人民群众获得感明显增强，教育的国际影响力加快提升，13亿多中国人民的思想道德素质和科学文化素质全面提升。

1. 办好人民满意的教育必须系统回答和解决"培养什么人、怎样培养人、为谁培养人"这一根本问题

我国是中国共产党领导的社会主义国家，这就决定了我们的教育必须把培养社会主义建设者和接班人作为根本任务，培养一代又一代拥护中国共产党领导和我国社会主义制度、立志为中国特色社会主义奋斗终身的有用人才。教师是立教之本、兴教之源，必须把教师队伍建设作为基础工作，建设一支宏大的高素质专业化教师队伍。改革是教育事业发展的根本动力，必须更加注重教育改革的系统性、整体性、协同性，以改革激活力、增动力。加强党对教育工作的全面领导，是办好教育的根本保证，必须牢牢掌握党对教育工作的领导权，坚持党对教育事业的全面领导。

2. 办好人民满意的教育必须高度重视素质教育

更好的教育应该是有质量的教育——发展素质教育。习近平总书

记高度重视素质教育，强调"素质教育是教育的核心"。党的十九大报告也强调"发展素质教育"。发展素质教育，一要面向全体学生，二要使每个学生德智体美全面发展，三要使每个学生个性得到充分发展。如果教育片面追求分数，片面追求升学率，为了少数几个高分学生而忽视其他学生，就违背了素质教育的初衷，就不是有质量的教育。新时代发展素质教育，需要深入思考相关理论和实践问题。比如，新时代素质教育被赋予了哪些新的内涵？全面建设社会主义现代化强国对素质教育提出了哪些新要求？新一轮信息技术革命为发展素质教育提供了哪些机遇和挑战？

3. 办好人民满意的教育必须遵循教育发展规律

教育有其自身的发展规律，一方面要适应并促进人的全面发展，另一方面要适应并促进社会进步。应把促进人的全面发展、满足社会需要作为衡量教育质量的标准。同时，是否遵循教育发展规律，使学前教育、义务教育、高中教育、职业教育和高等教育协调发展，也是衡量是不是好的教育的重要标准。当前，我国教育还不完全适应人的全面发展的需要，还不完全适应经济社会发展的需要。这就要求我们遵循教育发展规律，进一步破除教育发展中的深层次体制机制障碍，进一步破解教育发展中人民群众关心的热点难点问题。

4. 办好人民满意的教育必须加快教育现代化

我国教育体量世界第一，但在不少方面与世界教育强国相比还存在一定差距。办强教育，关键是在新时代加快教育现代化。

在全面建设社会主义现代化强国进程中，教育具有基础性、先导性、全局性。教育现代化水平不高，其他方面的现代化也难以顺利实现。教育现代化是教育整体发展水平的体现，包括教育思想、教育制度、教育体系、教育内容、教育手段和方式方法等的现代化。加快教育现代化，既要使我国教育达到世界先进水平，又要充分体现我国教育的特点。

换言之，我国的教育现代化不是跟在世界教育强国后面亦步亦趋，而是发展具有中国特色、世界水平的现代教育，这是我国教育现代化的目标。

三、强国时代普天同庆的伟大复兴

党的十九大报告指出："经过长期努力，中国特色社会主义进入了新时代，这是我国发展新的历史方位。"

2018 年 11 月 13 日，习近平总书记在参观"伟大的变革——庆祝改革开放 40 周年大型展览"时指出："改革开放 40 年来，在中国共产党坚强领导下，中国人民艰苦奋斗、顽强拼搏，用双手书写了国家和民族发展的壮丽史诗，中华大地发生了感天动地的伟大变革。"这是强国时代普天同庆的伟大复兴。

新中国成立 70 年来，伟大祖国气象万千、江山似锦，豪迈地走向繁荣富强。习近平总书记说："爱国，不能停留在口号上，而是要把自己的理想同祖国的前途、把自己的人生同民族的命运紧密联系在一起，扎根人民，奉献国家。"[1]

---

〔1〕习近平：《在北京大学师生座谈会上的讲话》，《人民日报》2018 年 5 月 3 日。

（一）科技创新和创新驱动的中国智慧

2018 年 6 月，习近平总书记在中央外事工作会议上提出了一个重大论断，即"当前中国处于近代以来最好的发展时期，世界处于百年未有之大变局"[1]。

1. 百年未有之大变局是科技的大变局

第四次工业革命方兴未艾，人工智能、机器人技术、虚拟现实以及量子科技等蓬勃发展，将深度改变人类生产和生活方式，对变局发展产生重要的影响。跨国公司的作用持续上升，是重塑变局的一个新的重要变量。科技大变局"倒逼"国家治理机制、手段、执行力现代化。国际经济竞争从贸易竞争转向高科技竞争，从劳动效率的成本竞争转向科技含量的技术竞争。

人类经历了农业文明、工业文明的数次飞跃，经验证明：科技是形成新生产力的主要因素，是推动人类社会进步与飞跃的关键。当今世界再次来到重要的历史节点，新一轮科技革命必然推动产业变革。早在 1988 年 9 月，邓小平会见捷克斯洛伐克总统胡萨克时，根据当代科学技术发展的趋势和现状，提出了"科学技术是第一生产力"的著名论断。这一论断体现了马克思主义的生产力理论和科学观。

创新是改革开放的推动力。科技创新是推动中国从经济大国走向经济强国的重要动力。习近平总书记指出："当前，从全球范围看，科学技术越来越成为推动经济社会发展的主要力量，创新驱动是大势所趋。

---

〔1〕习近平：《努力开创中国特色大国外交新局面》，新华网 2018 年 6 月 23 日。

新一轮科技革命和产业变革正在孕育兴起，一些重要科学问题和关键核心技术已经呈现出革命性突破的先兆，带动了关键技术交叉融合、群体跃进，变革突破的能量正在不断积累。"[1]

对于科技创新的重点，习近平总书记强调要拥有核心技术。他指出，技术创新是企业的命根子。拥有自主知识产权和核心技术，才能生产具有核心竞争力的产品，才能在激烈的竞争中立于不败之地。要紧紧扭住技术创新这个战略基点，掌握更多关键核心技术，抢占行业发展制高点。

同时，习近平总书记重视科技转化为生产，对于科技专利与科技标准也予以高度关注。他指出："当前，新一轮科技和产业革命蓄势待发，其主要特点是重大颠覆性技术不断涌现，科技成果转化速度加快，产业组织形式和产业链条更具垄断性。世界各主要国家纷纷出台新的创新战略，加大投入，加强人才、专利、标准等战略性创新资源的争夺。"[2]

2. 百年未有之大变局是世界秩序的大变局

2019年5月，习近平总书记在江西考察工作时指出，领导干部要胸怀两个大局，一个是中华民族伟大复兴的战略全局，一个是世界百年未有之大变局，这是我们谋划工作的基本出发点。

世界秩序的大变局体现在：第一，全球化面临逆全球化的变局；第二，全球政治经济秩序与主要国际协议面临大国"退群"的局面。美国

---

〔1〕习近平：《敏锐把握世界科技创新发展趋势 切实把创新驱动发展战略实施好》，《人民日报》2013年10月2日。
〔2〕习近平：《在省部级主要领导干部学习贯彻党的十八届五中全会精神专题研讨班上的讲话》，《人民日报》2016年5月10日。

先后退出《跨太平洋伙伴关系协定》、《巴黎协定》、联合国教科文组织、《伊核协议》等，推动以双边关系取代多边协议，将持续冲击现有国际秩序。

面对百年未有之大变局，要深刻领悟毛泽东《论持久战》的当代价值，既要反对新的"投降论"，又要反对新的"速胜论"；既要有"泰山崩于前而色不变"的英雄气概与定力，又要有"运筹帷幄之中，决胜千里之外"的中国智慧与战略思维。

（二）军队和国防现代化的中国智慧

对于军队与国防现代化，习近平总书记在党的十九大报告中提出了要求："着眼于实现中国梦强军梦，制定新形势下军事战略方针，全力推进国防和军队现代化。召开古田全军政治工作会议，恢复和发扬我党我军光荣传统和优良作风，人民军队政治生态得到有效治理。国防和军队改革取得历史性突破，形成军委管总、战区主战、军种主建新格局，人民军队组织架构和力量体系实现革命性重塑。加强练兵备战，有效遂行海上维权、反恐维稳、抢险救灾、国际维和、亚丁湾护航、人道主义救援等重大任务，武器装备加快发展，军事斗争准备取得重大进展。人民军队在中国特色强军之路上迈出坚定步伐。"

1. 树立总体国家安全观

《中华人民共和国国家安全法》对"国家安全"的定义是："国家政权、主权、统一和领土完整、人民福祉、经济社会可持续发展和国家其他重大利益相对处于没有危险和不受内外威胁的状态，以及保障持续安全状态的能力。"国家安全观是对国家安全及国家安全相关问题的历史、现状、发展、规律、本质等的认知、评价和预期,包括事实认知、价值评价和主观预期三方面内容。总体国家安全观就是系统、全面地定位和把握国家安全问题,就是既重视外部安全,又重视内部安全;既重视国土安全,又重视国民安全;既重视传统安全,又重视非传统安全;既重视发展问题,又重视安全问题;既重视自身安全,又重视共同安全。

2014年4月15日,习近平总书记在中央国家安全委员会第一次全体会议上首次明确提出了"总体国家安全观"。总体国家安全观要求构建集政治安全、国土安全、军事安全、经济安全、文化安全、社会安全、科技安全、信息安全、生态安全、资源安全、核安全等于一体的国家安全体系。

2. 全面推进军队和国防现代化

改革开放40多年来,国防和军队建设是浓墨重彩的篇章。在党的坚强领导下,我军改革创新的步伐从未停歇,军队结构比例不断优化,由数量规模型向质量效能型转变,走上中国特色精兵之路;积极推进中国特色军事变革,提出建设信息化军队、打赢信息化战争的战略目标;进入21世纪,人民军队开创现代化建设新局面,不断提高打赢信息化条件下局部战争的核心军事能力和实施非战争军事行动的能力。

特别是党的十八大以来,以习近平同志为核心的党中央着眼实现中国梦、强军梦,提出建设一支听党指挥、能打胜仗、作风优良的人民军队这一党在新形势下的强军目标,深入推进政治建军、改革强军、科技兴军、依法治军,着力强化练兵备战,积极推动军民融合发展,率领全军官兵开创了强军兴军新局面。

2017 年 7 月 30 日，习近平总书记在庆祝中国人民解放军建军 90 周年阅兵时指出："我们要深入贯彻党的强军思想，坚定不移走中国特色强军之路，努力实现党在新形势下的强军目标，把我们这支英雄的人民军队建设成为世界一流军队。""我们的英雄军队有信心、有能力打败一切来犯之敌！我们的英雄军队有信心、有能力维护国家主权、安全、发展利益！我们的英雄军队有信心、有能力谱写强军事业新篇章，为实现'两个一百年'奋斗目标、为实现中华民族伟大复兴的中国梦、为维护世界和平作出新的更大的贡献！"[1]

3. 加强党对军队的绝对领导

坚持党领导人民军队的一系列根本原则和制度，确保全军沿着正确政治方向前进。党的十八大以来，我军突出举旗铸魂、立根固本，围绕强军目标加强和改进思想政治建设，打好意识形态主动仗，打牢官兵听党指挥的思想政治根基，确保了人民军队的性质、宗旨、本色永远不变。

党对人民军队的绝对领导有一整套的制度来保证。这些制度包括：坚持军队最高领导权和指挥权属于党中央和中央军委，中央军委实行主席负责制，实行党委制、政治委员制、政治机关制；实行党委统一的集体领导下的首长分工负责制；实行支部建在连上；等等。这些制度在改革开放过程中日臻完善，特别是确立发展了军委主席负责制。军委主席负责制是党对人民军队绝对领导的最高实现形式，是党对人民军队绝对

---

〔1〕习近平：《在庆祝中国人民解放军建军 90 周年阅兵时的讲话》，《人民日报》2017 年 7 月 31 日。

领导的制度"龙头"，是确保国家长治久安的"定海神针"。军委主席负责制先后写入宪法和党章，充分显示了中国共产党的政治自信、制度自信。我军维护核心、听从指挥，首要的是维护和贯彻军委主席负责制，强化政治意识、大局意识、核心意识、看齐意识，始终在政治立场、政治方向、政治原则、政治道路上同党中央、中央军委保持高度一致。

4. 全面实施强军战略

改革是决定当代中国命运的关键一招，也是决定我军发展壮大、制胜未来的关键一招。

党的十八大以来，习近平总书记提出把深化国防和军队改革纳入全面深化改革总体方案，把军队改革上升为党的意志和国家行为。国防和军队改革取得历史性突破，打破了长期实行的总部体制、大军区体制、大陆军体制，形成了军委管总、战区主战、军种主建新格局，调整组建五大战区、五大军种、军委机关 15 个职能部门，领导指挥体制实现历史性变革。深化军队院校、科研机构、训练机构改革，打造军队院校教育、部队训练实践、军事职业教育"三位一体"新型军事人才培养体系。

全面实施强军战略的中国智慧体现在：一方面，正确处理国防建设与国家经济建设的关系；另一方面，实行军民融合发展战略。

正确处理国防建设与国家经济建设的关系，是中国这样一个发展中大国的军队改革要解决的特殊问题，也是影响全局的重大问题。

党的十八大以来，习近平总书记提出，坚持实施军民融合发展战略，加快把国防和军队建设融入经济社会发展体系，实现国防和军队建设更高质量、更高效益、更可持续发展。国防科技和武器装备建设由跟跑并跑向并跑领跑转变，我国自主设计建造的航空母舰下水，歼-20、运-20等一批先进武器装备列装部队，"天河二号"超级计算机、"北斗二号"卫星工程等一批关键技术实现重大突破。

第九章 协和万邦的天下情怀

自古以来，中华民族就以"天下大同"、"协和万邦"的宽广胸怀，自信而又大度地开展同域外民族交往和文化交流，曾经谱写了万里驼铃万里波的浩浩丝路长歌，也曾经创造了万国衣冠会长安的盛唐气象。

——习近平在庆祝改革开放 40 周年大会上的讲话（2018 年 12 月 18 日）

协和万邦的天下情怀一方面体现了以德治国的治国理政智慧，另一方面体现了以德服人的外交智慧。中华民族是爱好和平的民族，过去是，现在是，将来也是。习近平总书记指出："和平、和睦、和谐的追求深深植根于中华民族的精神世界之中。中国人自古就提出了'国虽大，好战必亡'的箴言，'以和为贵'、'天下太平'、'天下大同'等理念世代相传。"[1]

第一，协和万邦的天下情怀是传统天下观。中华文明自古以来就有广阔的世界视野，追求协和万邦。首先，中国古代的天下观认为世界是平的，不是圆的，中国是世界的中心，并以"天朝上国"自居，建立了朝贡体系。其次，协和万邦的天下情怀主张家族和谐，进而扩展到主张社会和谐、民族和谐、国家和谐。《易经》有言"天地感而万物化生，圣人感人心而天下和平"，说的是圣人与人的心灵感通、感应而天下和平、战争消除。

第二，协和万邦的天下情怀是中国智慧。中国传统思维方式的取向是"和平，合作，和谐，和睦"。爱好和平是中华民族的秉性，兼容并包是中华文化的特质。《论语·学而》言："礼之用，和为贵。先王之

---

〔1〕习近平：《共创中韩合作未来　同襄亚洲振兴繁荣》，《人民日报》2014年7月5日。

道，斯为美，小大由之。"

协和万邦的中国智慧主张"非战""和为贵"。中国古代的兵书却认为战争的最高境界是"百战百胜，非善之善也；不战而屈人之兵，善之善者也""故上兵伐谋，其次伐交，其次伐兵，其下攻城；攻城之法为不得已"。《孙子兵法》《鬼谷子兵法》《吴起兵法》《孙膑兵法》等中国兵书，是智慧之书，不仅可以指导战争，而且可以运用于指导企业管理、商业贸易等领域。

一、传统文化中协和万邦的天下情怀

协和万邦的天下情怀智慧表现为：以和为贵、以德服人、共赢发展。

在危难之际，协和万邦的天下情怀往往更加温暖人心。第二次世界大战，法西斯迫害犹太人，犹太人被迫逃离家园，漂洋过海，中国却向犹太人伸出了援助之手。在纳粹屠杀犹太人期间，上海几乎成了全球唯一接纳犹太难民的大城市，中国成了失去家园的犹太人的避风港湾。以色列前总理埃胡德·奥尔默特的祖父母就在那个悲惨时代在上海找到了安居的乐土。他们与被赶出家园的其他犹太人在难民船上漂荡，没有一个港口愿意接收犹太人的难民船，除了上海港。

上海成了犹太人的"挪亚方舟"。据不完全统计，第二次世界大战期间来上海的犹太人达到 2.4 万人，接收难民的数量超过加拿大、澳大利亚、印度、南非和新西兰接收难民数量的总和。2004 年 6 月，奥尔默特终于实现了自己的愿望，他来到上海访问了上海犹太遗址，第二天他飞往哈尔滨，把从以色列带过来的石块放在了自己祖父的墓碑上。

第二次世界大战期间流亡到上海的犹太人已经越来越年迈，有些人的家庭至今都保留着中国的习俗，如爱吃中国菜、会使用筷子，每到新年还会给亲人"发红包"。当这些在上海落脚的犹太人得知家乡的亲人们惨遭屠杀的噩耗后，才真正意识到，上海在他们的生命中扮演着多么重要的角色。他们在中国感受到了东方文明古国的宽广胸怀、中华文化的无穷魅力以及协和万邦的天下情怀。

电视连续剧《最后一张签证》就是基于第二次世界大战期间中国接收犹太难民的真实故事拍摄的：1938年，奥地利被德国吞并，纳粹疯狂迫害犹太人，犹太人只有拿到外国签证，才可以逃离奥地利。但各国忌惮纳粹，以各种借口拒办签证，唯有中国驻维也纳领事馆向犹太人敞开签证大门。剧中的签证官普济州顶住重重压力，冒着巨大风险，与领事馆同人一道为犹太难民办理通往中国上海的签证，展现了中华民族至情至善的人性光辉。

协和万邦的天下情怀与孕育中华文化的地理环境、民族特性、经济发展等有着密不可分的关系。

第一，协和万邦的天下情怀是由特殊的地理环境决定的。

柏拉图认为，人类的精神生活与海洋是密不可分的关系。亚里士多德认为地理、气候、土壤等因素都会影响一个民族的特性和社会。

孟德斯鸠总结了先贤的智慧，在《论法的精神》中系统地提出了"地理环境决定论"。地理环境决定论把地理环境当成了唯一变量和绝对变量，其本身具有片面性，但是也在一定程度上揭示了人类社会发展的规律。

亚欧大陆东部，也即中华民族生活繁衍的区域，中东部从北到南是连成一片的平原、丘陵，向东面向大海，向西面对崇山峻岭、高原荒滩、戈壁沙漠。这样的地理环境特点决定了中国古代容易也需要形成大一统的政体。

地理环境决定论认为，在极寒地区，由于天气严寒，无论人们如何勤奋也收效甚微；在热带地区，物产丰富，人们奋斗的欲望不大；只有在温带地区，人们不奋斗就会饿死，奋斗了就会致富。所以，人类最初的四大文明古国与欧亚文明均出现在非两极与非赤道的温带地区。在农耕文明时代，地理环境的影响较大，用地理环境决定论解释经济发展有一定的合理性。用地理环境决定论同样可以理解中西方文化在处理国际关系上的不同价值取向。

第二，协和万邦的天下情怀是由特殊的民族性决定的。

中华民族是多民族共处的大家庭。一方面，文化具有多样性。正如费孝通先生所说，中国是"多元一体"的国家，由于各民族所处的地理环境、历史文化传统不同，因此风俗、习惯和信仰不可能完全相同；另一方面，"大一统"深入中华民族的血液。"大一统"一词的正式提出，始见于《公羊传·隐公元年》："何言乎王正月？大一统也。"这里的"大"，不是形容词，而是动词，含义是推崇统一。

自上古以来，从黄帝、炎帝到明君贤良无不主张"协和万邦"，推崇"大一统"。春秋战国诸侯割据，周天子名存实亡。诸子百家把"同"作为追求的理想。儒家主张"天下大同"，墨家主张"兼爱尚同"，道家主张"自然无为"，名家主张"合同异"或"离坚白"，法家提倡用"法、术、势"的统一思想。虽然诸子百家思想的具体主张各不相同，但是都共同表达了对连年战乱局面的不满、希望出现安定的"大一统"

社会的思想倾向。

　　自秦统一中国以来，统一是主流、稳定是主流、开放是主流、和平是主流。生存与经济发展的需求凝结成了传统文化中协和万邦的天下情怀与中国智慧。

（一）协和万邦的天下情怀提倡以和为贵

　　中国古代的圣人崇尚"协和万邦"。《书·尧典》中有一句话："克明俊德，以亲九族。九族既睦，平章百姓。百姓昭明，协和万邦。"这句话的大意是，尧弘扬"大德"实现家族和睦，随后协调各个家族之间的关系实现社会和睦，继续协调万邦的关系，最终让各个邦国和谐共处。

　　协和万邦的天下情怀，用费孝通的16字箴言表达就是"各美其美，美人之美，美美与共，天下大同"。

　　"各美其美"体现了尊重文明多样性，不以自身文明为标准去统一、规范、批判其他文明；"美人之美"体现了在尊重多样性的基础上推动文明交流互鉴，在文明互鉴的基础上推动文明融通，这已成为人类文明不可阻挡的历史命运；坚持"各美其美，美人之美"，就能够实现"美美与共，天下大同"。这16字箴言体现了中国智慧，表达了主张互相尊重、互相学习、互相借鉴、互相欣赏、和平共处的世界观。

　　中华文化具有包容性，中国文明不具有侵略性。利玛窦在《利玛窦中国札记》中这样写道，尽管中国人拥有装备精良的部队和海军，要征服邻邦，轻而易举；但皇帝和人民，都不曾考虑对外发动侵略战争。

　　协和万邦的天下情怀主张文明对话，反对文明冲突。文明的多样性是人类的宝贵遗产，不同文明需要互相学习，互相借鉴。

（二）协和万邦的天下情怀提倡法治天下

在亚欧大陆东部，"大一统"是中国政治的特点；在亚欧大陆西部，邦国有多个是欧洲政局的特点。

随着资本主义的发展，欧洲各国面临着资源、市场、利益的分配。处理国际关系首先需要确定共同认可的准则，这就是威斯特伐利亚体系产生的历史背景。

威斯特伐利亚体系是欧洲30年战争结束而签订的一系列和约的统称。威斯特伐利亚体系的建立有两个重大成就：第一，确立了国家主权至上的国际基本原则。曾经一统天下的神权世界已经趋于瓦解，民族国家开始登上历史舞台，国家之上不再有任何权威。第二，确立了通过签订协议解决争端的国际原则。之后，和平商议、协调解决成为解决国际争端的主要模式。同时，和约初次规定了缔约国不得破坏和约条款，主张对违约国家实行集体制裁。

威斯特伐利亚体系确立的国家主权平等原则，创立了以国际会议解决国际争端的先例，标志着近代国家关系的形成，它也是国际法的源头，是国际关系史上的一座里程碑。

但是，世界历史的发展证明，威斯特伐利亚体系虽然具有进步性，但是依然无法解决国际争端、消除战争、缔造持久和平。基辛格在《论世界秩序》一书中，叙述了威斯特伐利亚体系建立以来400多年的大国兴衰，感叹威斯特伐利亚体系只能维持短暂的均衡，而不能保持长久的和平。

二、国际交往中合道顺德的正义理念

《联合国宪章》体现了国际交往中合道顺德的正义理念。《联合国宪章》的序言阐述了"大小各国平等权利"的原则，平等权利体现在：每个国家都享有平等权利，不受他国侵犯；每个国家都有尊重别国主权的义务，不得借口行使自己的主权而侵犯他国的主权；国家不论大小，都应当具有独立自主处理自己内外事物、管理自己国家的权利；国家与国家相互之间是平等的，所有国家都是国际社会的平等成员。

《联合国宪章》一方面肯定了威斯特伐利亚体系的主张，确认在主权国家基础上通过签订协议解决国际争端的方式；另一方面吸收了中国智慧，将和平共处作为核心原则。主权国家签订协议解决国际争端是手段，主权国家和平共处是国际社会的共同目标，手段与目标结合，也是中西方智慧的结合。

国与国之间交往，国家利益放在第一位。19世纪英国政治家和作家本杰明·迪斯雷利有一句名言：家与家之间没有永恒的朋友，也没有永恒的敌人，只有永恒的利益！外交关系肯定首先是利益关系，国家利益至上是外交关系的准则；但是，国与国的交往也要讲是非曲直。也即，甲国与乙国处理相互关系，丙国、丁国……在旁边看。如果甲国对乙国"蛮横不讲道理"，那么丙国、丁国……就有可能设身处地联想到甲国也会以同样的态度对待自己，故而，自然会选择不利于甲国的外交策略。

合道顺德的正义理念也是国际关系的重要准则。《孟子·公孙丑下》中的"得道者多助，失道者寡助"就是对国际关系中坚持合道顺德正义理念的精辟表述。站在道义一方，就会得到多数国家的支持；相反，背信弃义，必然陷于孤立。

不同的国家对"道"与"德"的理解不同。国际社会中通行的交流沟通语言就是"法律"。尊重国际法，尊重国际组织规章制度，尊重双边协议或者多边协议。用法律思维、法律语言、法律行为规范表达"道"与"德"，才能掌握国际社会的话语权。

（一）和平外交的中国智慧

世界和平呼唤和平力量，呼唤和平文化。中国历来崇尚"和为贵"，中国梦是和平梦。

习近平总书记把和平形象地比喻为空气与阳光。他指出："和平是人民的永恒期望。和平犹如空气和阳光，受益而不觉，失之则难存。没有和平，发展就无从谈起。国家无论大小、强弱、贫富，都应该做和平的维护者和促进者，不能这边搭台、那边拆台，而应该相互补台、好戏连台。"[1]

中华民族是一个爱好和平的民族，有着爱好和平的优良传统。全世界的兵法都在告诉我们怎么样去打胜仗，只有中国的兵法告诉我们，最好不要打。中国承诺无论发展到什么程度，都不会威胁谁，都不会颠覆现行国际体系，都不会谋求建立势力范围。中国始终是世界和平的建设者、全球发展的贡献者、国际秩序的维护者。

习近平总书记在党的十九大报告中指出："中国坚定奉行独立自主

---

〔1〕习近平：《在博鳌亚洲论坛 2013 年年会上的主旨演讲》，《人民日报》2013 年 4 月 8 日。

的和平外交政策，尊重各国人民自主选择发展道路的权利，维护国际公平正义，反对把自己的意志强加于人，反对干涉别国内政，反对以强凌弱。中国决不会以牺牲别国利益为代价来发展自己，也决不放弃自己的正当权益，任何人不要幻想让中国吞下损害自身利益的苦果。中国奉行防御性的国防政策。中国发展不对任何国家构成威胁。中国无论发展到什么程度，永远不称霸，永远不搞扩张。"

1. 和平共处五项原则

1953 年 12 月，周恩来在会见印度代表团时第一次提出和平共处五项原则，即"互相尊重主权和领土完整，互不侵犯，互不干涉内政，平等互利，和平共处"。这五项原则是在建立各国间正常关系及进行交流合作时应遵循的基本原则，得到中国、印度和缅甸政府共同倡导。和平共处五项原则是中国奉行独立自主和平外交政策的基础和完整体现，被世界上绝大多数国家接受，成为规范国际关系的重要准则。

2. 联合国的积极维护者

中国坚定维护以联合国为核心的国际体系，坚定维护以《联合国宪章》宗旨和原则为基石的国际关系基本准则，坚定维护联合国权威和地位，坚定维护联合国在国际事务中的核心作用。主张国家无论大小一律平等，国家相互尊重、平等相待，走对话而不对抗、结伴而不结盟的国际交往新路。

中国主张通过对话协商解决分歧与争端。安全应该是普遍的。不能一个国家安全而其他国家不安全，一部分国家安全而另一部分国家不安全，更不能以牺牲别国安全谋求自身所谓的绝对安全。为此，中国向一些不发达国家提供人道主义援助，加大对国际刑警组织执法能力建设支持力度，支持建立全球培训体系，帮助发展中国家培训执法人员，积极参与联合国维和行动等。

3. 和平与发展两大主题

和平是发展的基础。只有在和平的国际环境中，世界各国才能保持正常的经济交往和顺利实现本国的发展计划。第二次世界大战后世界经济的发展就是得益于世界相对和平的国际环境，虽然战乱不断，但是局限在区域范围，并没有爆发全球冲突，大国之间没有爆发直接冲突与战争，保持相对和平，这是稳定世界和平秩序的关键。

发展是和平的保障。和平事业建立在物质基础上，经济贸易往来有助于增进各国人民的友好往来，有助于消除世界不稳定的因素，有助于减少发生军事冲突的可能性。世界经济特别是发展中国家经济的发展有利于世界和平力量的壮大。

1985 年，邓小平明确提出和平与发展是当代世界的两大主题。他指出："现在世界上真正大的问题，带全球性的战略问题，一个是和平问题，一个是经济问题或者说发展问题。和平问题是东西问题，发展问题是南北问题。"[1]

2018 年 6 月 9 日，上海合作组织青岛峰会欢迎宴会在青岛国际会议中心举行。习近平总书记指出："山东是孔子的故乡和儒家文化发祥地。儒家思想是中华文明的重要组成部分。儒家倡导'大道之行，天下为

---

〔1〕邓小平：《和平和发展是当代世界的两大问题》，《邓小平文选》第三卷，人民出版社1993 年版，第 105 页。

公'，主张'协和万邦，和衷共济，四海一家'。这种'和合'理念同'上海精神'有很多相通之处。'上海精神'坚持互信、互利、平等、协商、尊重多样文明、谋求共同发展，强调求同存异、合作共赢，在国际上获得广泛认同和支持。"[1]

以全球孔子学院为例，孔子学院是中国国家汉语国际推广领导小组办公室在世界各地设立的推广汉语和传播中国文化的机构，最重要的一项工作就是给世界各地的汉语学习者提供权威的现代汉语教材，提供正规的汉语教学渠道，有助于传播中华文化。创办全球孔子学院的中国智慧体现在几个方面。一是平等性：孔子学院制定了"相互尊重、友好协商、平等互利"的校训，体现了民间外交的和平宗旨；二是文化性：孔子学院把汉语教学与中国传统书法、厨艺、功夫、乐器教学结合起来，增加了孔子学院的吸引力。

（二）全球治理的中国智慧

1.共同应对全球挑战

既然人类已经处在"地球村"中，那么各国公民的另一个身份就是地球公民，全球的利益同时也就是公民的利益，一个国家采取有利于全球利益的举措，也就同时服务了本国利益。全球利益与国别利益日益密切结合，最终形成"你中有我，我中有你"的全球利益共同体。任何一环出现问题，都可能导致全球利益链中断。因此，呼吁全球共同治理。

---

〔1〕习近平：《在上海合作组织青岛峰会欢迎宴会上的祝酒辞》，《人民日报》2018年6月10日。

习近平总书记阐述了共同治理观。他指出："共同应对全球性挑战。金砖国家同呼吸、共命运，既是息息相关的利益共同体，更是携手前行的行动共同体。我们要加强在重大国际问题以及地区热点上的协调沟通，共同行动，推动热点问题的政治解决，携手应对自然灾害、气候变化、传染病疫情、恐怖主义等全球性问题。既要联合发声，倡导国际社会加大投入，也要采取务实行动，推动解决实际问题，注重标本兼治、综合施策，从根源上化解矛盾，为国际社会实现长治久安作出贡献。"[1]

全球共同治理的主要方式是"共商共建共享"，方向是"倡导国际关系民主化"。习近平总书记在党的十九大报告中指出："中国秉持共商共建共享的全球治理观，倡导国际关系民主化，坚持国家不分大小、强弱、贫富一律平等，支持联合国发挥积极作用，支持扩大发展中国家在国际事务中的代表性和发言权。中国将继续发挥负责任大国作用，积极参与全球治理体系改革和建设，不断贡献中国智慧和力量。"

2. 积极参与全球治理

习近平总书记强调，全球治理格局取决于国际力量对比，全球治理体系变革源于国际力量对比变化。我们要坚持以经济发展为中心，集中力量办好自己的事情，不断增强我们在国际上说话办事的实力。我们要积极参与全球治理，主动承担国际责任，但也要尽力而为、量力而行。

为此，一要把自身发展与夯实国力放在首位，只有把自己的事情做

---

〔1〕习近平：《在金砖国家领导人第八次会晤大范围会议上的讲话》，《人民日报》2016 年 10 月 17 日。

好，才有能力参与全球治理；二要在"干中学"，中国融入全球治理体系的时间不长，需要了解情况，建立广泛的伙伴关系，保持战略定力，避免战略透支，实事求是、量力而行。

三、构建人类命运共同体

人类命运共同体理念是新中国 70 年对全球治理贡献的中国智慧。该理念散发着智慧的光芒：人类命运共同体理念具有开放性；人类命运共同体理念与《联合国宪章》及联合国提出的全球治理观相一致；人类命运共同体理念与保护主义、孤立主义、反全球化相对立。

人类命运共同体是责任共同体、利益共同体、行动共同体。当今世界，没有任何一个国家可以做到"闭关锁国"，也没有任何一个国家可以回到"孤立主义"。

第一，人类命运共同体理念被写入联合国文件。

中国提出的人类命运共同体理念与全球治理观有异曲同工之妙。因此，中国将秉承共商共建共享的全球治理观，积极参与全球治理体系改革与建设，坚定维护以《联合国宪章》宗旨和原则为核心的国际秩序和国际体系，推进国际关系民主化，支持联合国发挥积极作用，支持广大发展中国家在国际事务中提高代表权和发言权，建设性参与国际与地区热点问题的解决进程，积极应对各类全球性挑战，维护国际和地区和平稳定，不断为完善全球治理贡献中国智慧和力量。

2013 年 3 月 23 日，习近平主席在俄罗斯莫斯科国际关系学院发表讲话，首次提出"人类命运共同体"倡议。他指出："这个世界，各国相互联系、相互依存的程度空前加深，人类生活在同一个地球村里，生活在历史和现实交汇的同一个时空里，越来越成为你中有我、我中有你的命运共同体。"[1]

2015年9月，习近平主席在纽约联合国总部发表重要讲话，首次把《联合国宪章》与"人类命运共同体"联系起来。他指出："当今世界，各国相互依存、休戚与共。我们要继承和弘扬联合国宪章的宗旨和原则，构建以合作共赢为核心的新型国际关系，打造人类命运共同体。"[2]

2017年，习近平主席在世界经济论坛年会和联合国日内瓦总部发表演讲，描绘了一幅构建人类命运共同体的壮美蓝图。

2017年1月18日，在日内瓦万国宫"共商共筑人类命运共同体"高级别会议上，习近平主席在演讲中掷地有声地表示："让和平的薪火代代相传，让发展的动力源源不断，让文明的光芒熠熠生辉，是各国人民的期待，也是我们这一代政治家应有的担当。中国方案是：构建人类命运共同体，实现共赢共享。"[3]

2017年2月，联合国社会发展委员会第55届会议协商一致通过"非洲发展新伙伴关系的社会层面"决议，"构建人类命运共同体"理念首次被写入联合国决议。

2017年11月，第72届联大负责裁军和国际安全事务第一委员会通过了"防止外空军备竞赛进一步切实措施"和"不首先在外空放置武

〔1〕习近平：《顺应时代前进潮流 促进世界和平发展》，《人民日报》2013年3月24日。
〔2〕习近平：《在第七十届联合国大会一般性辩论时的讲话》，《人民日报》2015年9月29日。
〔3〕习近平：《共同构建人类命运共同体》，《人民日报》2017年1月20日。

器"两份安全决议,"构建人类命运共同体"理念再次被写入这两份联合国决议。

第二,人类命运共同体理念是对马克思主义的开创性贡献。

构建人类命运共同体是习近平总书记精准归纳当今世界所面临的时代问题之后给出的科学回答,是在世界范围内实现共产主义的清晰明确的路线图,是中国共产党人发展马克思主义的最新理论成果,是今天中国的马克思主义。

坚持推动构建人类命运共同体是党的十九大报告提出的新时代坚持和发展中国特色社会主义的基本方略之一。在党的十九大报告中,"人类命运共同体"这一概念被提及 6 次,其重要性可想而知。

2018 年 3 月 11 日,第十三届全国人民代表大会第一次会议通过的宪法修正案,将宪法序言第十二自然段中"发展同各国的外交关系和经济、文化的交流"修改为"发展同各国的外交关系和经济、文化交流,推动构建人类命运共同体"。

人类命运共同体理念是基于对历史和现实的深入思考而形成的中国智慧。尽管如此,它也会被误解,甚至曲解。人类命运共同体理念从一种国际治理理念走向国际治理实践,需要经历一个长期的传播、沟通、交流、接受的过程。在这个过程中,一方面,需要尽快提高外宣水平,以国际社会听得懂的语言、愿意听的方式持续宣传人类命运共同体理念;另一方面,需要以宽容的心态去面对误解与曲解,用耐心等待全球治理的中国方案在实践中显出英雄本色。"青山遮不住,毕竟东流去。"人类命运共同体理念终将为全人类所接受。

（一）全球合作解决金融危机的中国智慧

在经济全球化背景下，一国发生的危机通过全球化机制的传导，可以迅速波及全球，危及国际社会整体。1997 年亚洲爆发金融危机，泰铢贬值引发了金股汇大跌。2008 年美国次贷危机引发了全球金融海啸。这类主要由局部金融危机引发的全球金融危机，不仅打断了世界经济发展的节奏，而且洗涤了各国发展过程中创造的财富。

20 世纪 70 年代，美国气象学家洛伦兹在解释空气系统理论时说，亚马孙雨林一只蝴蝶偶尔振动翅膀，也许两周后就会引起美国得克萨斯州的一场龙卷风。"蝴蝶效应"寓意"牵一发而动全身"，任何一次小的个体波动都有可能引发系统动荡。在当今全球经济一体化的大背景下，"蝴蝶效应"逐步成为普遍现象，故而更需要加强全球合作应对金融危机。面对全球金融危机，国际社会必须"同舟共济""共克时艰"。

全球合作解决金融危机的中国智慧体现在：一是 1997 年亚洲金融危机爆发后，中国从稳定东南亚及亚洲金融的全局出发，没有让人民币贬值，而是通过稳定人民币汇率协助东盟国家渡过危机，通过支持香港特别行政区政府在金融市场上击溃金融大鳄而消除其继续肆虐东南亚的爪牙；二是 2008 年美国次贷危机爆发，中国既没有趁机抛售美元与美债，也没有让人民币贬值，而是发挥了中国经济在世界经济与国际金融中"稳压器"的作用。

建设一个共同繁荣的世界，各国特别是主要经济体要加强宏观政策协调，维护世贸组织规则，支持开放、透明、包容、非歧视性的多边贸易体制，构建开放型世界经济。经济全球化的大方向是正确的，我们要引导经济全球化健康发展，加强协调、完善治理，推动建设开放、包容、普惠、平衡、共赢的经济全球化，着力解决公平公正问题。

（二）全球合作维护世界秩序的中国智慧

冷战结束后重建的当前世界秩序在美国的主导下已经运转了数十年。冷战的结束使得西方普遍认为，西方的自由民主制度是人类历史最好的制度，西方无须对这一制度进行任何改革了。福山"历史终结论"就是西方这种乐观情绪的学术反映。然而，现实情况是：西方的自由民主制度正面临前所未有的挑战，它既不是适合所有国家的普遍真理，更不是推动经济发展的灵丹妙药。

中国经济发展保持稳定增长。自1978年以市场为导向的改革开放开始，中国市场逐步向私营和外国企业开放，价格管制被取消，2001年加入世贸组织成为主要出口国。经济持续增长不仅使得中国跃居世界第二大经济体，而且使得中国成为西方倡导的全球化的坚定拥护者、积极实践者，成为多边主义和自由贸易的坚定维护者。

全球合作维护世界秩序的中国智慧体现在几个方面。第一，中国是国际秩序的维护者：中国是联合国及其他国际组织的积极参与者与当今世界秩序的积极维护者，主张自由贸易，反对单边主义和保护主义；第二，中国是国际秩序的改革者：中国愿意与其他国家携手推动国际秩序的改革，而不是改变现有国际秩序，或者重新创造一个新的国际秩序。

对于现有国际经济秩序，不是推倒重来，不是另起炉灶，而是建设性地完善。中国是全球开放型经济的参与者、推动者、贡献者。习近平总书记强调指出："中国将坚定不移奉行互利共赢的开放战略，坚持正确义利观，发展开放型经济体系，全方位加强和拓展同亚洲和世界各国的互利合作。"[1]

面对越来越多的全球性问题，任何国家都不可能独善其身，任何国家要想自己发展，必须让别人发展；要想自己安全，必须让别人安全。

1. 全球粮食安全

一个国家的粮食安全出现问题，饥民将大规模涌向别国，交通工具的进步为难民潮的流动提供了可能，而人道理念的进步又使拒难民于国门之外面临很大的道义压力。

自1973年恢复为联合国粮食及农业组织（以下简称"粮农组织"）成员以来，作为拥有13亿多人口的发展中国家，中国一贯高度重视与粮农组织保持密切合作。目前，粮农组织与中国的合作已跨入新时代。除了接受所需的援助，中国还向其他发展中国家传授成功经验，成为以粮农组织为首的国际力量对抗饥饿和粮食不安全的主要支持者之一。

同时，中国也协助粮农组织驻中国代表处致力于将知识与技术传播至田间，提供信息共享和能力建设平台，协调标准和政策的制定，推动南南合作的发展。

2. 全球网络空间治理

互联网把各国空前紧密地连在一起，在世界任何一点发动网络攻击，看似无声无息，但给对象国经济社会带来的损失却有可能不亚于一场战争。

---

[1] 习近平：《共创中韩合作未来　同襄亚洲振兴繁荣》，《人民日报》2014年7月5日。

现实世界需要全球合作共同治理，网络空间更需要全球合作共同治理。由中国倡导并举办的世界互联网大会，自 2014 年在浙江乌镇举办以来，成为网络空间治理与讨论的全球平台。中国作为全球网民数量最多的国家及最大的电子信息产品生产基地，希望通过世界互联网大会推动构建全球网络空间新秩序，提高在互联网世界的全球话语权。尊重网络主权、反对网络霸权是中国对世界网络空间治理贡献的中国主张与中国智慧，赢得了越来越多国家的支持。

3. 全球难民及其他问题治理

历史上很早就有难民，但是难民问题成为世界性的问题是从 20 世纪开始的。20 世纪的难民问题最早产生于欧洲，第二次世界大战后难民的数量不断增加，遍布于世界各地。

难民产生主要是由于地区冲突、内战、饥荒、疾病等原因。当今国际社会面临的难民问题，不仅困扰着产生难民的国家，而且对难民涌入的地区也有很大影响。难民问题已不再是一个国家、一个地区的问题，而是国际社会共同面临的全球性问题。

以叙利亚难民问题为例，叙利亚难民产生的最根本原因是内战。叙利亚内战是指从 2011 年持续至今的叙利亚政府与叙利亚反对派之间的冲突。冲突双方互不留情，残酷杀戮，大批平民被迫流离失所，纷纷外逃，成为难民。难民的首选逃亡目的地是欧洲，这样就产生了难民问题。对于是否接收叙利亚难民，以及各国接收难民比率等问题的不同意见与分歧，破坏了欧洲的团结。这也是英国"脱欧"的原因之一。

目前国际上解决难民问题的方式主要有三种：第一，难民选择自愿回国，遗憾的是这种情况并不多见；第二，就地融合，也就是让难民在庇护国得到妥善安排；第三，是将难民重新安置于第三国。

新中国成立 70 年，中国在难民问题上的智慧体现在：一是主张用和平共处五项原则消除产生难民的政治因素，二是主张用发展经济消除产生难民的经济因素。

第十章

天人合一的自然主义

现在，生态文明建设已经纳入中国国家发展总体布局，建设美丽中国已经成为中国人民心向往之的奋斗目标。中国生态文明建设进入了快车道，天更蓝、山更绿、水更清将不断展现在世人面前。

——习近平在 2019 年中国北京世界园艺博览会开幕式上的讲话（2019 年 4 月 28 日）

新中国 70 年向世界贡献了天人合一的自然主义智慧。

习近平总书记一直关注生态文明建设。党的十八大以来，以习近平同志为核心的党中央把生态文明建设作为统筹推进"五位一体"总体布局的重要内容，谋划推动了一系列开创性工作，推动生态文明建设和生态环境保护从认识到实践发生了历史性变化，深刻回答了为什么建设生态文明、建设什么样的生态文明，以及怎样建设生态文明等重大理论和实践问题，形成了习近平生态文明思想。这一思想蕴含着中国传统哲学的生态智慧，对天人合一的自然主义进行了扬弃、升华和发展。

天人合一的自然主义，既是世界观、人生观、认识论的统一体，也是方法论、治国理政的智慧。其治国理政智慧体现在：绿色生态文明发展观、辩证生态发展观、全球生态发展观。

一、传统文化中天人合一的自然主义

在中国古代思想体系中，天人合一的基本内涵就是人与自然和谐相处。《易传》《中庸》《吕氏春秋》《黄帝内经》沉淀了丰富的生态思想，传递了天人合一智慧。中国传统哲学提倡万物顺应自然规律生长，顺应"春生，夏长，秋熟，冬藏"的时变。《老子》有言："人法地，地法天，天法道，道法自然。"这里的"自然"，指的就是自然规律。《庄子》言："有人，天也；有天，亦天也。"人生追求的目标便是"绝圣弃智"，打破强加于人的藩篱，解放人性，复归自然，达到一种"万物与我为一"的精神境界。另外，"劝君莫打三春鸟，儿在巢中望母归"这类民间诗句，也反映了古代的生态文明观。

天人合一的自然主义智慧主要集中在政治、伦理和精神境界层面，其核心观点是：人与自然和谐相处；人与人和谐相处；人要按照自然规律改造自然，人要按照自然规律生产、生活，才能养生与延年益寿。

（一）天人合一的自然主义提倡辩证生态发展观

传统文化中天人合一的自然主义孕育了辩证生态发展观，反对通过大量消耗自然资源片面追求经济增长。辩证生态发展观的智慧体现为：整体生态观和发展生态观。

1. 整体生态观

整体生态观认为，需要树立人与自然、人与人、人与社会共生共荣的整体发展理念，这种发展理念强调人与自然之间不仅存在着能量的相互交换，而且构成"生命共同体"。将人与自然看作一个整体，这是对人类自我中心主义的超越。

2. 发展生态观

发展生态观认为，人与自然构成的"生命共同体"不是静止不动的，而是发展变化的。"生命共同体"是生命系统，是动态平衡的系统，是协调发展的系统，是包容开放的系统。人类欲望无限性与自然资源有限性之间的矛盾是常态，但是解决矛盾并不一定以冲突方式进行，解决矛盾最好的方式就是发展，在发展的动态中取得新的平衡。

（二）天人合一的自然主义提倡全球生态文明观

当今世界，各国已成为唇齿相依的命运共同体，且面临多个问题，如发展与和平问题，如公平和平与持久和平问题，可持续发展与均衡发展问题，经济发展与生态环境问题。天人合一的自然主义孕育了全球生态文明观。全球生态文明观的智慧体现为：全球生态责任观和全球生态治理观。

1. 全球生态责任观

全球生态责任观认为，生态环境问题是最典型的超越国家和地区界限的全球性问题。全球温室气体排放、臭氧层破坏、化学污染、总悬浮颗粒物超标以及生物多样性降低等日益严重的生态环境问题，已经不是某个国家或者地区的问题，而是全球面对的共同生态威胁。世界各国都应担负起保护生态环境、维护生态平衡的责任和义务，加强合作、共同应对。习近平总书记指出："建设生态文明关乎人类未来。国际社会应该携手同行，共谋全球生态文明建设之路。"[1]

2. 全球生态治理观

全球生态治理观主张治理全球生态环境问题，需要采取协调行动、持续行动，全球不同国家与地区共同行动，即对于全球面对的共同问题，需要全球治理。

---

〔1〕习近平：《在第七十届联合国大会一般性辩论时的讲话》，《人民日报》2015 年 9 月 29 日。

《巴黎协定》是继 1992 年《联合国气候变化框架公约》、1997 年《京都议定书》之后，人类历史上应对气候变化的第三个里程碑式的国际法律文本，形成 2020 年后的全球气候治理格局。《巴黎协定》共 29 条，其中包括目标、减缓、适应、损失损害、资金、技术、能力建设、透明度、全球盘点等内容；提出加强应对气候变化对全球的威胁，采取全球协调行动把全球平均气温较工业化前水平升高控制在 2 摄氏度之内，21 世纪下半叶实现温室气体净零排放。《巴黎协定》最突出的贡献是明确了具有可执行的"硬指标"。

2016 年 9 月 3 日中国加入《巴黎协定》，成为第 23 个完成批准协定的缔约方。我国作为人口众多、资源相对短缺的发展中国家，治理生态环境、保障生态安全，正是切实履行对国际社会绿色发展的政治承诺和自觉担当，体现了我国对人类长远发展的高度负责。绿色发展理念已经被提升为国家发展战略，这充分体现了中国共产党作为马克思主义先进政党的胸怀、视野，充分彰显了中国共产党作为负责任大国执政党的使命担当。

为维护全球生态安全，我国积极参与国际绿色经济规则和全球可持续发展目标制定，积极参与国际绿色科技交流。在 2015 年召开的巴黎气候变化大会上，习近平主席向与会各国领导人介绍了我国生态文明建设的规划与实践，着重强调绿色发展理念，得到普遍认可和赞誉。

二、发展进程中追求绿色的发展理念

绿色发展理念体现了天人合一自然主义的中国智慧。

在党的十八届五中全会上，习近平总书记提出创新、协调、绿色、开放、共享"五大发展理念"，将绿色发展作为关系我国发展全局的一个重要理念，作为"十三五"时期乃至更长时期我国经济社会发展的一个基本理念，体现了中国共产党对经济社会发展规律认识的深化，将指引我们更好实现人民富裕、国家富强、中国美丽、人与自然和谐，实现中华民族永续发展。习近平总书记就促进人与自然和谐发展提出一系列新思想、新观点、新论断，凝聚形成绿色发展理念，推动了马克思主义生态文明理论在当代中国的创新发展。

习近平总书记在不同场合、不同会议、不同讲话中对生态文明发展进行了形象而深刻的阐述。

对于生态文明的重要性，习近平总书记指出："生态文明建设是关系中华民族永续发展的根本大计。中华民族向来尊重自然、热爱自然，绵延5000多年的中华文明孕育着丰富的生态文化。生态兴则文明兴，生态衰则文明衰。"[1]"生态环境保护是功在当代、利在千秋的事业。""要牢固树立生态红线的观念。在生态环境保护问题上，就是要不能越雷池一步，否则就应该受到惩罚。"[2]

对于生态文明与民生的关系，习近平总书记指出："良好生态环境是最公平的公共产品，是最普惠的民生福祉。"[3]"环境就是民生，青山就

---

〔1〕习近平：《坚决打好污染防治攻坚战　推动生态文明建设迈上新台阶》，新华网2018年5月19日。
〔2〕习近平：《坚持节约资源和保护环境基本国策　努力走向社会主义生态文明新时代》，《人民日报》2013年5月25日。
〔3〕《习近平在海南考察：加快国际旅游岛建设 谱写美丽中国海南篇》，《人民日报》2013年4月11日。

是美丽，蓝天也是幸福。"[1]

对于生态文明与经济发展的关系，习近平总书记指出："要正确处理好经济发展同生态环境保护的关系，牢固树立保护生态环境就是保护生产力、改善生态环境就是发展生产力的理念，更加自觉地推动绿色发展、循环发展、低碳发展，决不以牺牲环境为代价去换取一时的经济增长。"[2]"我们既要绿水青山，也要金山银山。宁要绿水青山，不要金山银山，而且绿水青山就是金山银山。"[3]

习近平总书记强调的"绿水青山就是金山银山"，已经家喻户晓，体现了习近平生态文明思想博大精深的智慧。发展进程中追求绿色的发展理念，既应反思现代化与传统经济发展模式，也应警惕打着绿色旗帜而否定发展的极端观点，要吸取天人合一自然主义的中国智慧。

第一，反思现代化与传统经济发展模式。现代化是"双刃剑"，在创造财富的同时，也在制造各类麻烦。温室效应、厄尔尼诺现象、大旱灾、大洪水、沙尘暴、沙漠化等自然现象，相当一部分是自然对人类的报复。

在全球生态危机的压力和现代环境运动的激发下，伴随着从工业文明到生态文明的时代精神的转变，兴起了生态主义。生态主义的意义是提出了新的生态价值观，并重新界定了人与自然的和谐统一关系。但是生态主义在对资本主义社会那种无休止的物质追求和物质享乐的反思中转向激进，进而不分青红皂白地全盘否定工业化与现代化。生态主义不

---

〔1〕习近平：《深入理解新发展理念》，《求是》2019年第10期。
〔2〕习近平：《坚持节约资源和保护环境基本国策　努力走向社会主义生态文明新时代》，《人民日报》2013年5月25日。
〔3〕《习近平发表重要演讲　呼吁共建"丝绸之路经济带"》，新华网2013年9月7日。

是迎难而上寻找解决工业化与现代化弊端的新方法、新路径、新模式，而是经常出现回到过去的念头，一厢情愿认为重新回到原始社会与农耕社会就能克服环境污染问题。反现代化思潮偏好对原始社会与农耕社会进行理想主义的描绘，往往脱离实际，陷入另一种虚幻之中。

20 世纪 50 年代世界各地掀起"绿色运动"，60 年代西方提出发展生态农业，70 年代生态工程兴起，这些新的发展理念顺应了人类社会文明发展的潮流，是对人类中心观及其传统的经济发展模式的反思。

第二，汲取天人合一自然主义的中国智慧。对环境保护与"人与自然和谐相处"的讨论，往往让人想到中国古代"天人合一"思想。现代生态观与古代"天人合一"思想相结合，就形成了天人合一的自然主义。天人合一的自然主义提倡生态文明，这是一种与农业文明、工业文明具有相同点但又并非完全重叠的文明形态。生态文明要求树立经济、社会与生态环境协调发展的新的发展观，强调尊重和维护生态环境秩序，以可持续发展为目标，从维护社会、经济、自然系统的整体利益出发而发展经济，反对对立型、征服型、污染型、破坏型经济发展模式，主张和睦型、协调型、恢复型、建设型经济发展模式。

天人合一自然主义的中国智慧与追求绿色发展理念是一致的：天人合一的自然主义不是不发展，而是主张绿色发展；天人合一的自然主义不是只发展不保护，而是主张兼顾发展与保护，认为保护生态环境就是保护生产力，改善生态环境就是发展生产力。

（一）生态文明发展观的中国智慧

生态文明发展观为马克思主义自然生产力理论注入了时代内涵。

综观人类社会发展的历史，人类文明已经经历了原始文明、农业文明和工业文明，每个文明时期人与自然的关系存在很大差异。人类历史进入工业文明之后，伴随着人类科学技术水平的提高，人类征服自然的能力提升，生态环境日渐恶化。大自然的生态平衡遭受到严重破坏，生态危机使人们深刻地认识到，以污染环境和破坏生态为代价来换取经济繁荣发展的道路是行不通的，必须走可持续发展的道路才能保障人类的永续发展，人类社会才会由此进入生态文明时代。

1. 生态文明是人类新的文明形态

生态文明将是继工业文明之后的一种新的文明形态，是人类对传统工业文明进行深刻反思的成果。从人与自然和谐共生的视角看美丽中国建设，是中国共产党对我国在未来经济社会发展中，面对资源约束趋紧、环境污染严重以及生态系统退化的严峻挑战，究竟要采取什么样的发展方式，创造一个什么样的发展环境等一系列重大问题的深刻反思和回答。其根本指向就是要解决人的发展与自然环境及资源承载力之间的矛盾，实现人与自然和谐共生。

2. 生态文明是人与自然和谐的文明

人与自然和谐共生是生态文明建设的本质特征。新时代生态文明建设应树立尊重自然、顺应自然、保护自然的生态文明理念，着眼于保护生态环境关系到人民的根本利益和中华民族的长远利益。

人与自然和谐共生是生态文明建设的时代要求。生态文明是对工业文明的超越，是对粗放式经济发展方式的超越，因此转变经济发展方式是生态文明时期的经济发展要求，而转变经济发展方式需要改变资源短缺趋紧的局面，需要改变生态环境恶化状况，需要满足人民日益增长的美好生活需要。

3. 人与自然和谐共生是实现中华民族永续发展的根本保障

生态环境没有替代品，保护生态环境，功在当代，利在千秋。人与自然和谐共生，客观要求倡导绿色发展理念，绿色发展理念是正确处理经济发展与生态环境保护之间关系的思想基础，在经济发展的各方面融入绿色发展理念，推动形成绿色发展方式和生活方式，这是实现中华民族永续发展的根本保障。

（二）"五位一体"总体布局的中国智慧

"五位一体"总体布局将生态文明建设纳入新时代发展战略。党的十八大报告指出，建设中国特色社会主义，总依据是社会主义初级阶段，总体布局是"五位一体"，总任务是实现社会主义现代化和中华民族伟大复兴。党的十九大报告重申，"明确中国特色社会主义事业总体布局是'五位一体'、战略布局是'四个全面'，强调坚定道路自信、理论自信、制度自信、文化自信"。

1. 从"四位一体"到"五位一体"体现了对生态文明的重视

"四位一体"是 2005 年胡锦涛在省部级主要领导干部提高构建社会主义和谐社会能力专题研讨班上的重要讲话中指出的。这表明随着我国经济社会的不断发展，中国特色社会主义事业总体布局更加明确地由社会主义经济建设、政治建设、文化建设"三位一体"发展为社会主义经济建设、政治建设、文化建设、社会建设"四位一体"。

随着中国经济的发展，生态文明建设的重要性日益得到重视。2012年"五位一体"提法正式进入了党的十八大报告。2012年11月17日，习近平总书记在第十八届中共中央政治局第一次集体学习时指出："党的十八大把生态文明建设纳入中国特色社会主义事业总体布局，使生态文明建设的战略地位更加明确，有利于把生态文明建设融入经济建设、政治建设、文化建设、社会建设各方面和全过程。"[1]

党的十九大站在历史和全局的战略高度，将生态文明纳入执政理念与发展战略中，制定了"坚持稳中求进工作总基调，统筹推进'五位一体'总体布局，协调推进'四个全面'战略布局"的新时代发展战略。

2. 统筹推进"五位一体"总体布局

首先，统筹推进"五位一体"总体布局，要有一盘棋思维，"五位一体"总体布局要求统筹推进经济社会发展，必须重点做到"四个坚持"，即坚持以人民为中心的价值观、坚持协调发展的整体观、坚持全面深化的改革观、坚持"功成不必在我"的政绩观。

其次，统筹推进"五位一体"总体布局，要突出重点。当前，虽然我国经济建设、政治建设、文化建设、社会建设、生态文明建设取得了一定的成就，但是还存在一些短板，如精准脱贫与污染防治任务艰巨，生态环保与民生实事需要落地见效，加大污染防治与扩充生态容量和生态空间需要做精做细。因此，统筹推进"五位一体"总体布局，既要遵循经济发展的规律与顺序，又要抓住解决当前制约经济发展的主要矛

---

[1] 习近平：《紧紧围绕坚持和发展中国特色社会主义　学习宣传贯彻党的十八大精神》，《人民日报》2012年11月18日。

盾，补短板强弱项，实现重点突破发展，创新驱动发展。

三、和谐共生中自然和谐的美丽中国

"美丽中国"—— 这是习近平新时代中国特色社会主义思想关于绿色发展观的中国实践。党的十八大报告首次提出"推进绿色发展、循环发展、低碳发展"和"建设美丽中国"，这是生态文明建设的主要内容。其中，"建设美丽中国"是目标，"推进绿色发展、循环发展、低碳发展"是手段。建设美丽中国与实现中华民族伟大复兴的中国梦是连接在一起的。

习近平总书记在致生态文明贵阳国际论坛 2013 年年会的贺信中指出："走向生态文明新时代，建设美丽中国，是实现中华民族伟大复兴的中国梦的重要内容。"党的十九大报告确定了新时代的发展道路——"坚定走生产发展、生活富裕、生态良好的文明发展道路，建设美丽中国，为人民创造良好生产生活环境，为全球生态安全作出贡献。"

"美丽中国"是由美丽城市、美丽城镇、美丽乡村共同构成的。中国有 334（不含港澳台）个地级行政区划单位，2853（不含港澳台）个县级行政区划单位，40497（不含港澳台）个乡级行政区划单位。随着经济发展，城市化进程不可逆转，但是乡村无论是数量还是面积，都在中国经济发展中占据重要地位。因此要建设美丽中国，建设美丽乡村是重中之重。

（一）坚持绿色发展观的中国智慧

建设美丽中国，产业化是必由之路。推进产业化，不能走"高污染，高能耗"的老路，也不能走"先污染，后治理"的旧路，必须坚持绿色发展观。坚持绿色发展观，就要推动低碳经济发展。低碳经济，顾名思义就是根据碳排放标准而形成不同的经济发展类型与发展模式。凡是碳排放量低的发展类型与模式，就是低碳经济。而从能源类型看，天然气比石油碳排放量低，核能、太阳能、风能比天然气碳排放量低。

1. 推动发展思路绿色转型

绿色低碳循环发展是当今时代科技革命和产业变革的方向，是最有前途的发展领域。环保是人类的共同责任，是所有人努力的方向，环保事业本身就具有极大的能量，从长远来说，参与其中的国家以及企业将会从中获益，这是一种新的理念。联合国前秘书长潘基文多次呼吁发达国家在减少温室气体排放方面作出更大努力，并帮助发展中国家应对气候变化的挑战。他认为全球变暖的威胁不亚于一场战争。

2008年10月，联合国环境规划署推出了全球"绿色新政"的概念，呼吁全球领导人在投资方面，转向能够创造更多工作机会的环境项目，以修复、支撑全球经济的自然生态系统。2009年2月，联合国环境署在第二十五届理事会上郑重地提出了"实行绿色新政、应对多重危机"的倡议，进一步明确了绿色新政的内涵：多重危机需要全球范围和广泛领域的政府领导力；绿色新政需要全球协调的、大规模的刺激计划和政策措施；联合国环境署建议在绿色经济部门投入3万亿美元的资金，投资重点应包括7个领域：高能效建筑、可持续能源、可持续交通、淡水资源、生态基础设施、可持续农业，以及诸如废弃物循环利用等其他领域；改革国内政策架构，确保绿色投资在国内经济发展中的成功；改革国际政策架构和国际协调，支持各国的努力。

在绿色新政中，政府的"绿色领导力"与"发展思路绿色转型"是基本要义，"绿色经济"是基本模式，"绿色投资"是基本方法，"绿色政策改革"是基本保障。

推动发展思路绿色转型的核心是将绿色发展指标与低碳指标挂钩，将绿色发展指标具体化、数据化，将"碳排放"数据纳入政府、公务员政绩考核之中，这是推动政府发展思路绿色转型的保障。随着政府绩效考核指标的绿色转型变动，"低碳社会""低碳城市""低碳超市""低碳校园""低碳交通""低碳环保""低碳网络""低碳社区""低碳建筑""低碳公交""低碳旅游"将成为经济新常态。

2. 推动生产方式绿色转型

绿色经济主要包括四大产业，即生态利用型产业：山地旅游业、大健康医药产业、现代山地特色高效农业、林业产业、饮用水产业；循环高效型产业：原材料精深加工产业、绿色轻工业、再生资源产业；低碳清洁型产业：大数据信息产业、清洁能源产业、新能源汽车产业、新型建筑建材产业、民族特色文化产业；环境治理型产业：节能环保服务业、节能环保装备制造业。

推动生产方式绿色转型的关键是推动能源绿色转型。长期以来，煤炭是我国的主要能源，火电在整个国民经济的发展体系中占据了很重要的地位。2017年，全国发电量为64951亿千瓦时，其中火力发电量为46627亿千瓦时，水力发电量为11898亿千瓦时，风力发电量为2950亿千瓦时，太阳能发电量为967亿千瓦时，核能发电量为2481亿千瓦时。

其中，火电依然高居榜首，核电仅占全国发电量的 3.82%。

根据美国能源信息署发布的数据，2017 年美国发电量为 40186 亿千瓦时，其中核电占比约 20.0%。而 2017 年欧盟各国发电总量为 32440 亿千瓦时，其中核电占比为 25.6%。对比欧美核电占比，我国核电占比仅为 3.82%，还有很大的发展空间。

核电和水电、风电和太阳能光伏发电一样属于清洁能源和可再生能源，其中，核电是最稳定的、可持续供给工业使用的电能。因此，新能源发展方略是逐步关停火电站，引导风电、太阳能光伏发电、潮汐发电，大力发展核电，特别是要大幅度提高核电并网电的比率。

新中国 70 年向世界贡献了和平利用核能的中国智慧。这一智慧体现在：

第一，把核安全始终作为发展核电的首要目标，核电发展计划宁可放缓，也要行稳。受 2011 年日本福岛核电站泄漏影响，我国的核电项目审批曾一度放缓脚步，自 2015 年核准 8 台新建机组后，行业更是经历了三年"零审批"状态。2019 年，我国核电产业结束三年"暂停"谨慎重启，2019 年 7 月 25 日，国家能源局宣布山东荣成、福建漳州和广东太平岭核电项目核准开工。核电资本市场也迎来了新一轮发力。中国广核电力股份有限公司在 7 月 25 日顺利过会后，仅历时一天便拿到证监会首次公开募股（IPO）核批，可谓闪电发行。

第二，要保障核电安全，一要靠严格规范的科学管理，二要靠不断推动核电安全技术升级换代："华龙一号"是由中国广核集团、中国核工业集团公司在我国核电科研、设计、制造、建设和运行经验的基础上，针对福岛核事故教训，以及全球最新安全要求，研发的先进百万千瓦级压水堆核电技术。"华龙一号"是自主知识产权的三代核电技术，它引进国外技术，通过消化、吸收和再创新，全面实现了自主设计、自主制造、自主建设和自主运营，标志着我国核电发展跨入了"自主创造"的新阶段。

随着生产方式绿色转型与能源绿色转型，可以预料，中国核电发展将进入新的发展时期。

3. 推动生活方式绿色转型

绿色生活方式包括文明意识、思维习惯、消费方式、消费结构的绿色化。具体表现为：创建节约型机关、绿色家庭、绿色学校、绿色社区等活动，促进人们在衣食住行游中形成绿色生活消费习惯，倡导绿色文明意识、思维习惯；完善公众参与制度，健全举报、听证、舆论和公众监督等机制，构建全民参与的社会行动体系；鼓励绿色消费、绿色出行、绿色居住。

共享经济是绿色生活方式的一部分。共享经济是指以获得一定报酬为主要目的、通过互联网作为媒介实现、基于陌生人且存在物品使用权暂时转移的一种商业模式。共享经济本质上是人们公平享有社会资源，各自以不同的方式付出和受益，共同获得经济红利。2000年之后迎来了互联网Web2.0时代，各种网络虚拟社区、论坛开始出现，用户在网络空间开始向陌生人表达观点、分享信息。随着4G时代的到来，观点与信息的共享升级为服务的共享。2010年前后，相继出现了优步、爱彼迎、滴滴出行、摩拜单车等实物共享平台，随后共享单车、共享汽车、商品房共有产权以及5G铁塔共享模式快速改变着经济运行模式，也改变着人们的消费与生活方式，成为令民众感受最贴近、最真切的绿色经济之一。

推动生活方式绿色转型，首要的是推动能源绿色转型。

以北方农村冬季供暖为例。长期以来，我国北方冬季采用燃煤暖气供暖，这是造成雾霾的主要原因之一。对我国北方农村来说，实现清洁供暖已经成为广大农民对美好生活的重要期盼，也是改善大气质量的重要手段。解决北方农村清洁供暖问题，需要因地制宜统筹规划稳妥推进北方农村清洁供暖。2017 年，北方农村清洁取暖工作开始启动，多管齐下配套推进。首先，改造农村住房，提高住房"保暖性"。数据显示我国北方城镇中节能建筑占比超过 50%，农村约有 80% 的建筑没有采取节能措施，采暖能耗是同地区城镇建筑的 2～3 倍；其次，用电取代煤，启动"煤改电"项目，建设农村发电供暖系统。目前，"煤改电"项目以星火燎原之势由北京、天津等大城市蔓延至北方其他省市的乡镇农村，有效推动了人们生活方式的绿色转型。

4. 推动培育绿色文化

坚持绿色发展观，必须推动培育绿色文化。文化是相对于政治、经济而言的人类全部精神活动及其产品，文化体现在衣食住行等生活要素中，表现为消费方式、生活方式、风土人情、传统习俗、宗教信仰、思维方式、价值观念、审美情趣。同时，文化具有稳定性、传承性、普遍性，因此，推动培育绿色文化是发展思路、生产方式、生活方式绿色转型的基础。

绵延 5000 多年的中华文明孕育出了丰富的生态文化与绿色文化。

中华民族自古就有尊重自然、顺应自然的传统，形成了勤俭节约的传统美德与绿色环保的生活方式。近现代以来，受西方工业文明和消费主义文化的冲击，过度消耗资源、破坏环境的发展方式逐渐打破人与自然和谐共生的状态，过度和奢侈的消费文化正在销蚀简约、适度的绿色环保生活方式。因此，建设美丽中国，必须继承和发展优秀生态文化、培育绿色文化。

2016年9月3日，习近平主席在杭州出席二十国集团工商峰会开幕式并发表主旨演讲表示，将毫不动摇实施可持续发展战略，坚持绿色低碳循环发展，坚持节约资源和保护环境的基本国策，推动绿色发展，也是为了主动应对气候变化和产能过剩问题。

（二）加大生态保护力度的中国智慧

森林、草原、湿地、河流、湖泊、沙漠等多种自然形态，是一个长期形成的综合性生态系统。加大生态保护力度的智慧体现为：必须遵循生态系统内在的机理和规律，坚持自然恢复为主的方针；实施重要生态系统保护和修复重大工程；因地制宜、分类施策，增强针对性、系统性、长效性；生态保护和生态修复并举，进行综合治理。

解决好人民群众反映强烈的突出环境问题，这既是改善环境民生的迫切需要，也是加强生态文明建设的当务之急。要保持攻坚力度和势头，坚决治理"散乱污"企业，继续推进重点区域大气环境综合整治，加快城镇、开发区、工业园区污水处理设施建设，深入推进农村人居环境整治。要抓好生态综合治理，对症下药，切实抓好落实。2018年6月，《中共中央 国务院关于全面加强生态环境保护 坚决打好污染防治攻坚战的意见》提出，坚决打赢蓝天保卫战，着力打好碧水保卫战，扎实推进净土保卫战，确定了到 2020 年三大保卫战具体指标：全国细颗粒物（PM2.5）未达标地级及以上城市浓度比 2015 年下降 18% 以上，地级及以上城市空气质量优良天数比率达到 80% 以上；全国地表水一至三类水体比例达到 70% 以上，劣五类水体比例控制在 5% 以内；近岸海域水质优良（一、二类）比例达到 70% 左右；二氧化硫、氮氧化物排放量比 2015 年减少 15% 以上，化学需氧量、氨氮排放量减少 10% 以上；受污染耕地安全利用率达到 90% 左右，污染地块安全利用率达到 90% 以上，生态保护红线面积占比达到 25% 左右；森林覆盖率达到 23.04% 以上。

1. 打赢蓝天保卫战，治理大气污染

在大气污染防治方面，《中共中央　国务院关于全面加强生态环境保护　坚决打好污染防治攻坚战的意见》明确指出："编制实施打赢蓝天保卫战三年作战计划，以京津冀及周边、长三角、汾渭平原等重点区域为主战场，调整优化产业结构、能源结构、运输结构、用地结构，强化区域联防联控和重污染天气应对，进一步明显降低 PM2.5浓度，明显减少重污染天数，明显改善大气环境质量，明显增强人民的蓝天幸福感。"2018 年 6 月 27 日，国务院发布《打赢蓝天保卫战三年行动计划》，提出："经过 3 年努力，大幅减少主要大气污染物排放总量，协同减少温室气体排放，进一步明显降低细颗粒物（PM2.5）浓度，明显减少重污染天数，明显改善环境空气质量，明显增强人民的蓝天幸福感。"

2. 打好碧水保卫战，治理江河污染

在水污染防治方面，《中共中央 国务院关于全面加强生态环境保护坚决打好污染防治攻坚战的意见》明确指出："深入实施水污染防治行动计划，扎实推进河长制湖长制，坚持污染减排和生态扩容两手发力，加快工业、农业、生活污染源和水生态系统整治，保障饮用水安全，消除城市黑臭水体，减少污染严重水体和不达标水体。"

三江源生态保护，就是将治理江河污染、保护水资源以及保护自然资源结合起来的成功案例。三江源地区位于我国青海省南部，是世界屋脊——青藏高原的腹地，为长江、黄河、澜沧江的源头汇水区。三江源头地区是中国面积最大的天然湿地分布区，素有"中华水塔"之称。曾经一段时间，三江源的生态环境被严重破坏，草场严重退化，水土流失加剧，土地沙漠化面积扩大，冰川、湿地退缩，生物多样性锐减。2005年，国务院批准实施《青海三江源自然保护区生态保护和建设总体规划》，标志着三江源生态保护和建设一期工程正式启动。2014年初，三江源生态保护和建设二期工程启动。如今，三江源地区生态环境恢复平衡，成为世界上高海拔生物多样性最集中的地区之一。

3. 打好净土保卫战，治理土壤污染

在土壤污染防治方面，《中共中央 国务院关于全面加强生态环境保护 坚决打好污染防治攻坚战的意见》明确指出："全面实施土壤污染防治行动计划，突出重点区域、行业和污染物，有效管控农用地和城市建设用地土壤环境风险。"具体措施集中在强化土壤污染管控和修复、加快推进垃圾分类处理、强化固体废物污染防治等领域。其中，实行垃圾分类有利于优化生活环境，节约使用资源，是社会文明水平的重要体现。《上海市生活垃圾管理条例》于 2019 年 7 月 1 日起正式实施，上海从立法层面确保垃圾分类的全面推行、全程监管，从源头减量、全程分类到资源化处理，形成完整的管理链。同时，通过建立奖励机制激励市民主动参与日常生活垃圾分类，将垃圾分类管理从市民扩展到游客，增强了分类减量实效，发挥了龙头示范效应。

4. 以绿色发展观，健全生态环境监管体制

健全生态环境监管体制，要加强对生态文明建设的总体设计和组织领导，设立国有自然资源资产管理和自然生态监管机构，完善生态环境管理制度，统一行使全民所有自然资源资产所有者职责，统一行使所有国土空间用途管制和生态保护修复职责，统一行使监管城乡各类污染排放和行政执法职责，构建国土空间开发保护制度，完善主体功能区配套政策，坚决制止和惩处破坏生态环境的行为。

以绿色发展观健全生态环境监管体制的智慧体现在：构建生态廊道和生物多样性保护网络，提升生态系统质量和稳定性；完成生态保护红线、永久基本农田、城镇开发边界三条控制线划定工作；完善天然林保护制度，扩大退耕还林还草，严格保护耕地，扩大轮作休耕试点，健全耕地草原森林河流湖泊休养生息制度；建立市场化、多元化生态补偿机制；开展国土绿化行动，推进荒漠化、石漠化、水土流失综合治理，强化湿地保护和恢复，加强地质灾害防治。

5. 以绿色发展观，推动重大生态修复工程

塞罕坝是生态修复的成功案例。塞罕坝位于河北省承德市围场满

族蒙古族自治县境内，地处内蒙古高原与河北北部山地交接处，平均海拔 1500 米，面积两万公顷。历史上的塞罕坝是一处水草丰美、森林茂密、禽兽繁集的地方，在辽、金时期被称作"千里松林"，曾作为皇帝狩猎之所，被誉为"水的源头、云的故乡、花的世界、林的海洋、休闲度假的天堂"。然而，由于开围放垦，森林植被惨遭破坏，加之，抗日战争时期遭遇日本侵略者的掠夺采伐和连年山火，到新中国成立初期，当年"山川秀美、林壑幽深"的美景不复存在，呈现"飞鸟无栖树，黄沙遮天日"的荒凉景象。从 1962 年林业部组建塞罕坝机械林场总场开始，经过几代人的艰苦奋斗，如今的塞罕坝拥有森林景观 110 万亩，草原景观 20 万亩，森林覆盖率达 78%。塞罕坝再次恢复活力，焕发青春，2008 年荣获"中国最佳旅游品牌景区"称号，2017 年荣获"地球卫士奖"。

6. 以绿色发展观，建设国家公园体系

"国家公园"的概念源自美国，据说最早由美国艺术家乔治·卡特林提出。1872 年，黄石国家公园作为世界上第一个国家公园被建立起来。2013 年 11 月，在党的十八届三中全会上，建立中国国家公园的想法首次被提了出来。2015 年 9 月印发的《生态文明体制改革总体方案》对建立国家公园体制提出了具体要求。2017 年 9 月印发的《建立国家公园体制总体方案》明确规定，国家公园是指由国家批准设立并主导管理，边界清晰，以保护具有国家代表性的大面积自然生态系统为主要目的，实现自然资源科学保护和合理利用的特定陆地或海洋区域。

"生态保护第一""国家代表性""全民公益性"这三大理念，是中国国家公园体制建设的核心。建立国家公园体制的根本目的，就是以加强自然生态系统原真性、完整性保护为基础，以实现国家所有、全民共享、世代传承为目标，理顺管理体制，创新运营机制，健全法治保障，强化监督管理，构建统一规范高效的中国特色国家公园体制，建立分类科学、保护有力的自然保护地体系。

2019 年 7 月 9 日国家林业和草原局发布的消息显示，目前，全国已建成三江源、大熊猫、东北虎豹、湖北神农架、钱江源、南山、武夷山、长城、普达措和祁连山 10 处国家公园体制试点，涉及青海、吉林、黑龙江、四川、陕西、甘肃、湖北、福建、浙江、湖南、云南、海南 12 个省，总面积约 22 万平方公里。[1]

（三）实施乡村振兴战略的中国智慧

乡村兴则国家兴，乡村衰则国家衰。乡村是具有自然、社会、经济特征的地域综合体，兼具生产、生活、生态、文化等多重功能，与城镇互促互进、共生共存，共同构成人类活动的主要空间。

乡村振兴战略关乎全面建成小康社会的大局。改革从农村开始，农村也享受到了改革开放的成果。随着改革开放的推进，城市后来居上成为改革开放的生力军，也成为改革开放的主要受益者。经济发展速度提高了，经济发展水平提高了，绝对财富增加了。但是，长期困扰中国经济发展的城乡差距问题、地区差距问题，却未能有效得以解决，乡村发展落后现状成了全面建成小康社会的"短板"。按照经济学"木桶效应"，要全面建成小康社会，重点在乡村，关键在乡村，最艰巨最繁重

---

〔1〕李慧：《我国已建成十处国家公园体制试点》，《光明日报》2019 年 7 月 10 日。

的任务在乡村，最广泛最深厚的基础在乡村，最大的潜力和后劲也在乡村。实施乡村振兴战略，是解决新时代我国社会主要矛盾、实现"两个一百年"奋斗目标和中华民族伟大复兴中国梦的必然要求，具有重大现实意义和深远历史意义。

乡村振兴战略走上了历史舞台。习近平总书记在党的十九大报告中指出："农业农村农民问题是关系国计民生的根本性问题，必须始终把解决好'三农'问题作为全党工作重中之重。"实施乡村振兴战略的总要求是产业兴旺、生态宜居、乡风文明、治理有效、生活富裕。2018 年 1 月 2 日，《中共中央 国务院关于实施乡村振兴战略的意见》公布。2018 年 5 月 31 日，中共中央政治局召开会议审议《乡村振兴战略规划（2018—2022 年）》。2018 年 9 月，中共中央、国务院印发了《乡村振兴战略规划（2018—2022 年）》等。

1. 带动产业兴旺

乡村振兴要构建现代农业产业体系、生产体系、经营体系，完善农业支持保护制度；推动农村土地制度改革、集体林权制度改革，以及农村各项综合改革；通过发展壮大乡村产业，激发农村创新创业活力；保持土地承包关系稳定并长久不变，确保国家粮食安全，把中国人的饭碗牢牢端在自己手中。

"民以食为天，食以粮为本。"当前粮食产能稳定、库存充裕、供给充足、市场平稳，已进入粮食安全形势最好、保障能力最强的历史时期。然而，粮食丰收、库存充足并不意味着就可以高枕无忧。目前粮食供求总量基本平衡，结构性矛盾较为突出。玉米、稻谷阶段性过剩特征明显，小麦优质品种供给不足，大豆产需存在较大缺口。特别是农业生产率偏低，已经严重制约了农业向着规模化、集约化、现代化方向发展。

2. 推动农村基础设施升级换代

乡村振兴要顶层规划先行。坚持规划先行，树立"城乡融合，一体设计，多规合一"理念，在产业发展、人口布局、公共服务、基础设施、土地利用、生态保护等方面，因地制宜编制乡村振兴地方规划和专项规划方案。

打通"网"的瓶颈。准确建立贫困农村宽带村，促进农村光纤宽带网络的推广，加快移动网络的覆盖，实现真正的"村村通户户通"。

减轻"电"的负担。改造农村电网、改革农电管理体制、实现城乡同网同价。改革农村供电管理体制的核心是改革乡镇电管站的管理体制，理顺县级供电企业与省级电力公司以及与乡镇电管站的关系，实现城乡电网统一管理、统一核算、统一价格。

走出"水"的困局。持续加快农村饮水工程建设，打通乡村用水"最后一公里"。以安全饮水为本，带领群众走出"水"的困局，持续增强群众用水安全感。

推动"厕所革命"。根据当地农村实际情况以及村民意愿选择合理的改厕模式，鼓励农村厕所和沼气工程建设。

3. 振兴乡村文化

乡村振兴，既要塑形，也要铸魂。乡村文化振兴要坚持两个文明一起抓，繁荣兴盛乡村文化，培育文明乡风、良好家风、淳朴民风，改善农民精神风貌，不断提高乡村社会文明程度，焕发乡村文明新气象。乡村振兴战略是乡村"物"的现代化，也是"人"的现代化。2019年5月20日，习近平总书记在江西省于都县梓山镇潭头村看望老区群众时指出："城镇化和乡村振兴互促互生。要把乡村振兴起来，把社会主义新农村建设好。要加强乡村人居环境整治和精神文明建设，健全乡村治理体系，使乡村的精神风貌、人居环境、生态环境、社会风气都焕然一新，让乡亲们过上令人羡慕的田园生活。"[1]

乡村振兴要推动社会主义乡村、家风建设。对个人而言，良好家风能够使人安身立命、融入社会；对社会而言，良好家风能够推动社会和谐稳定、有序发展；对国家而言，良好家风就是国家软实力。习近平总书记在十八届中央纪委六次全会上指出："领导干部都要把家风建设摆在重要位置，廉洁修身、廉洁齐家。"[2]这为把家风建设与政风建设有机地结合起来提供了理论依据。

4.保护古村落文化

党的十八大以来，习近平总书记多次指出，古村落保护、文物保护、文化传承等工作，要"望得见山，看得见水，记得住乡愁"，体现了对历史文化村落保护利用工作的高度重视。实现乡村振兴，也要重视保护古村落。一方面，要重视保护古村落的物理形态、物质形态；另一方面，要发掘古村落的文化价值。

---

〔1〕习近平：《贯彻新发展理念推动高质量发展　奋力开创中部地区崛起新局面》，《人民日报》2019年5月23日。
〔2〕习近平：《坚持全面从严治党依规治党 创新体制机制强化党内监督》，《人民日报》2016年1月13日。

古村落是农业文明的重要标志，承载着中国农耕文明的共同记忆，是多元民俗文化的复合体，保存着大量的历史信息、民间艺术、文脉记忆、生活方式。古村落的一砖一瓦都蕴含着先人们的心血和智慧。古村落是物质和非物质文化的交织空间，是不可再生资源，是内涵丰富的珍贵文化宝库。

保护古村落，就是传承中国农业社会的文明史，就是保护中华民族的精神家园，为中华民族留存更多鲜活的文化记忆和历史脉络，传承中华民族的生产、生活智慧。保护古村落及文化价值，寄托着海内外中华各族儿女的乡愁。

后 记

　　书至结尾，却总无法画上句号。一旦翻开《中国智慧》这本书，就会被博大精深的中国智慧所吸引、所迷倒。中国智慧是融通的：厚德载物、兼容并蓄与不偏不倚的中庸之道，生生不息的奋斗精神与唯变所适、与时偕行，以民为本的民本思想与开物成务的求真务实，上善若水、韬光养晦与天人合一的自然主义，天下为公的大同理想与协和万邦的天下情怀无不相互交织。中国智慧变化万端，正所谓："道生一，一生二，二生三，三生万物。"

　　无论用多少篇幅，都无法全部、精准展示中国智慧的本来面目。面对《中国智慧》这本值得细嚼慢咽的书、这座变幻无穷的迷宫，欲深究却始终不过浅尝辄止；纵身投入实现中华民族伟大复兴中国梦的伟大事业，亲自参与其中，或许才能体会到真正深刻的中国智慧。

　　本书得以出版，需要特别感谢董振华教授的指导，董老师高屋建瓴地搭建了中国智慧的框架，在他的鼓励下，我才完成了添砖加瓦的工程。同时，感谢天津人民出版社安排出版，感谢深圳技术大学对我创作的支持。汕头大学研究生杨佳佳、北京林业大学研究生赖任飞参与本书编校，也一并予以感谢。

　　最后，谨以此书致敬新中国成立70周年，献给伟大的祖国！

赖明明

2019 年 10 月